Verena Gurtner
Gornergrat retour

Vorbemerkung

Den Titel dieses Buches umweht echte Schweizer Luft. Um Ausländern verständlich zu sein, bedarf der Ausdruck vermutlich einer Ergänzung. «Gornergrat retour» besagt soviel wie «Bitte, Herr Bahnbeamter, geben Sie mir eine Fahrkarte für die Reise auf den Gornergrat und zurück!» Ausser dass sie exakt und banktüchtig sind und in den Käse Löcher bohren, haben die Schweizer nämlich noch die Eigentümlichkeit, am Bahnschalter nicht Fahrkarten für die Hin- und Rückfahrt zu verlangen, sondern «Retourbillets».

So ist es: dies ist unverkennbar ein Ferienbuch, und Sie täten besser, sofort all Ihre Gedanken an Beruf und Alltag zu begraben, denn wir begeben uns in die Schweiz, in die Berge von Zermatt.

Ferien und Musse, das heisst Beschäftigung mit etwas ganz anderem. Es könnte einmal eine Zahnradbahn sein, jene, die dicht am Plätzchen vorbeibrummt, wo Sie, auf dem Rücken liegend und einen trockenen Grashalm durch die Zähne ziehend, in den blaublauen Himmel träumten.

Herzlich Ihre V. G.

Verena Gurtner

Gornergrat retour

Das Matterhorn und die Gornergratbahn

29 Farbbilder
rund 70 einfarbige Abbildungen
Panoramen und Kärtchen
14 Tabellen

Orell Füssli Verlag Zürich

Ebenfalls beim Orell Füssli Verlag Zürich erscheint die englische Ausgabe «Gornergrat Return».

Von Verena Gurtner sind ferner bei Orell Füssli in gleicher Art und Aufmachung erschienen:
«Jungfrau express – Mit der Jungfraubahn ins Hochgebirge», Ausgaben in Deutsch, Englisch und Japanisch.
«Pilatus via Luzern – Modernes Karussell einer romantischen Zahnradbahn», Ausgaben in Deutsch und Englisch.
«Schilthorn umsteigen – Konterfei der Luftseilbahn», Ausgaben in Deutsch, Englisch und Japanisch. 1979 vom Komitee des «Grossen Preises der Schweiz für touristische Führer» mit dem Ersten Preis der Touristik-, Berg-, Ski- und Sportbücher ausgezeichnet.
«Lötschberg transit – Die Geschichte der Lötschbergbahn», Ausgabe in Deutsch. 1981 vom «Grossen Preis der Schweiz für touristische Führer» ausgezeichnet.

2. deutsche Auflage 1982

Produktion und Gestaltung: Dr. Verena Gurtner. Druck: Kunstanstalt Brügger, Meiringen. Reproduktionen: Aberegg-Steiner, Bern.
Printed in Switzerland
ISBN 3-280-01311-9

Inhalt

Dreissig Viertausender und der Logensitz

Gar viel aufs Mal: dreissig! Sollte es sich mit den viertausendmetrigen Bergen von Zermatt am Ende verhalten wie mit den Singvögeln? Auch ein Individuum, dessen Gesang dem Knarren eines Holzbodens gleicht, bringt der Ornithologe in der Ordnung der «Sänger» unter, wenn nur der Kehlkopf des Vogels die genügende Anzahl Fältchen ausweist. Nein, ohne subjektives Zutun kommen Alpinisten und Kartographen beim Rubrizieren ihrer über die magische 4000 m-Höhenkote hinausragenden Felsnadeln nicht aus. Zwar wird auch hier brav gemessen, doch der ästhetische und der alpin-historische Gesichtspunkt reden wacker mit. Zugegeben, allein im nordwärts laufenden Kamm der Mischabel kauern ein paar der also ausgezeichneten topographischen Punkte wie Dohlen auf einer luftigen Leiste beisammen. Aber Platten, Zacken, Risse, Kamine und furchterregende Abgründe sorgen für den gebührenden Respekt vor den Grataufschwüngen. Gewiss, da sind auch Castor und Pollux – zwischen Liskamm und Breithorn – mit zwei Köpfen auf einem gemeinsamen Leib. Und da gibt es den Sonderfall Monte Rosa. Doch alle weiteren Zermatter Viertausender sind zweifellos Berge, wie sie das Bilderbuch wünscht: breitmantelige, stolze Kegel mit einem die Wolken spaltenden Helm. Aber solitär, wie man sich «den» Berg vorstellt, sind sie trotzdem wieder nicht. Als hätte ein urweltlicher Zirkel den Kreis geschlagen, bilden sämtliche Viertausendmetrigen des Mattertales einen verklinkten Bogen. Seine optische Mitte – ist der Gornergrat.

In einem Abstand von knapp fünfzehn Kilometern umsteht ein Drittel aller «Viertausender» Europas den Gornergrat. Trotz beeindruckender Nähe fällt indessen nicht der Schatten eines der grossgewachsenen Nachbarn auf den biederen Bergrücken, und gerade das bestimmt seinen Charakter als vollendeter Ausguck. Souverän sitzt der Gornergrat vor dem dramatisch aufgerichteten Bühnenbild.

Wer aber meint, bei grösserer Höhe wären ja doch viel mehr Gipfel zu sehen, dazu Flüsse, Städte und Seen, dem sei der Unterschied in Erinnerung gerufen, der zwischen dem luziden Gemälde eines Meisters und dem schonungslosen Abklatsch der Wirklichkeit besteht. Hier eine Sammlung

Rechts: So ist Zermatt von Gletschern und von 4000 m hohen Bergen umschlossen. Der Talboden fällt bis Visp, bei einer Länge von 35 km, um nahezu tausend Meter ab.

Nächste Doppelseite: Der vorgeschobene Logensitz des Gornergrates gewährt einen freien Rundblick auf den ganzen Bergkranz von Zermatt. Die Farbtafeln in der Reihenfolge der Seiten 11, 30/31, 18, 14/15, 102/103, 106, 96, 98 ergeben das Panorama nochmals. Ausführliche Angaben über Höhenkoten finden Sie auf den Seiten 56/57 und 101.

Goppenstein
BERN
LÖTSCHBERG
ENÈVE
ONTREUX
e Rhône
Raron
GOTTHARD
LUZERN
Turtmann
Rotten
BRIG
VISP
Eischoll
Unterbäch
Bürchen
Zeneggen
Visperterminen
SIMPLON
Törbel
Stalden
Staldenried
Embd
Kalpetran
Eisten
Saaser Vispa
St. Niklaus
Grächen
Saas Balen
Bishorn
4153 m
Herbriggen
Saas Grund
Zinal
Weisshorn
4505 m
Matter Vispa
Dürrenhorn
Hohberg-
horn
Saas Fee
Randa
Stecknadelhorn
Nadelhorn
Dom 4545 m
Zinalrothorn
4221 m
Täsch
Täschhorn
4490 m
Alphubel
4206 m
Obergabelhorn
4063 m
Allalinhorn
4027 m
Rimpfischhorn
4199 m
Dent Blanche
4357 m
ZERMATT
Strahlhorn
4190 m
Monte
Moropass
Gornergrat
Dent d'Hérens
4171 m
Matterhorn
4477 m
Macugnaga
Breithorn
4164 m
Liskamm
4527 m
Monte Rosa
4634 m
Breuil
Cervinia
Pollux
Castor
4228 m
AOSTA
I T A L I A
MILANO

Strahlhorn
Stockhorn
Station 3405 m
E
Cima di Jazzi
Weissgrat
Weisstor
Gornergl.

Schwarztor
Roccia Nera
Breithornzwillinge
Breithorn
Chli Matterh.
Testa Grigia
Theodulpass
Theodulhorn

Wellenkuppe
Trifthorn
Rothornhütte
Zinalrothorn
Schalihorn
Mettelhorn
Weisshorn
4505 m
Brunegghorn
Blümlisalp
N

osa
ordend
Dufourspitze
4634 m
Parrot Spitze
Ludwigshöhe
Grenzgl.
Monte Rosahütte
Liskamm
Zwillingsgl.
Felikjoch
Castor
S
Pollux

orn
Gornergrat
3135 m
Les Jumeaux
(Italia)
Matterhorn
4477 m
Hörnlihütte
W Belvédère
Col d'Hérens
Zmuttgl.
Schönbielhütte
Wandfluh
Dent Blanche
Grand Cornier
Ober-
gabelh

orn
Unterrothorn
Dürrenhorn
Hohberghorn
Nadelhorn
Oberrothorn
Dom 4545 m
Täschhorn
Fluhalp
Alphubel
Feekopf
Allalinhorn
Rimpfischhorn
Wunderlich 73

von Einzelheiten, dort die Abstraktion und Hinführung zum Wesentlichen. Letzterem kommen die Aussichtsbilder, die sich beim Rundgang auf dem Gornergrat dem Beschauer bieten, erstaunlich nahe. Haben wir nicht auch hier eine Vereinfachung, die nur die klare Linie bestehen lässt? Eine Herauslösung der Berggestalten aus ihrem Sockel? Als Ergebnis einer gewissen Entfernung vom Bergkranz präsentieren sich die einzelnen Gipfel im vorteilhaftesten Sehwinkel und Bildausschnitt. Das wiederum ist die Voraussetzung für die geradezu vollkommene Übereinstimmung von

Oben: Die Zielschlaufe der Gornergratbahn mit dem Kulmhotel, in dessen beiden Ecktürmen astronomische Observatorien untergebracht sind. Über 45 Millionen Touristen hat die Gornergratbahn seit ihrem Bestehen schon befördert. Wer über den 3135 m hohen Gornergrat hinaus fahren will, steigt von der Zahnradbahn in die Gondeln der gesellschaftseigenen Luftseilbahn «Gornergrat–Stockhorn» um und lässt sich bis auf eine Höhe von 3405 m über Meer tragen (Bild Seite 108).
Rechts: Dem Gornergrat zeigt sich der Monte Rosa in seiner ganzen Pracht. Die Dufourspitze rechts trägt – das weiss jedes Schulkind – den höchsten Punkt der Schweiz und seit 1863 den Namen ihres ersten Generals, der zugleich der Schöpfer der Triangulation und des ersten gemeinsamen Kartenwerkes der seit 1848 im Bundesstaat vereinigten Kantone war.

Gornergrat und Riffelhorn vor der Kulisse von Liskamm, Castor und Pollux, Breithorn. Die breite, durch zwei flach eingetiefte Tälchen gegliederte Hochfläche am Nordabhang des Gornergrats ist der Riffelberg. Deutlich sichtbar die Bahngalerie am Riffelbord, unten Riffelalp.

Inhalt und Form, ja ein künstlerisches Empfinden schlechthin. Die gewaltige südliche Bühne hält uns auf dem Gornergrat der in der Tiefe vorbeiströmende Gornergletscher vom Leib, im Westen sorgt der Graben des Taleinschnitts für Abstand, im Osten und Norden schafft der Findelengletscher Distanz.

Wenn auch Gletschereis den Sitz des Gornergrats umspült, kalt ist sein Ambiente nicht. An den hohen Wänden des gegen Süden vorgeschobenen Talkessels von Zermatt prallen die stürmischen Winde leicht ab: eine subalpine Flora, warme Sommerluft und ein artenreicher Reigen seltener Schmetterlinge gaukeln fremdländischen Zauber bis an den Rand der Firne.

Es wird Zeit, des Lesers Frage nach dem «Sonderfall» Monte Rosa aufzunehmen. Dem Traktandum stattgeben, heisst gleichzeitig, den Beziehungen des Gornergrats zu seinem berühmten Vis-à-vis nachspüren und die Um-

Die Endstation der Gornergratbahn wartet mit einem gewaltigen Tiefblick über den Gornergletscher auf und liegt völlig frei direkt gegenüber dem Matterhorn. Beachten Sie, durch Vergleich mit Seiten 120. 121, die Rückbildung des Oberen Theodulgletschers.

stände aufdecken, die dazu führten, dass der dreitausendmetrige Gornergrat 1898 zu seiner Eisenbahn kam: Also, von «Viertausendern» war die Rede. Eine Rarität in diesem Belange ist der Monte Rosa (Seite 11), weil er gleich mit einem halben Dutzend seiner Dachritter in der elitären Liste aufwartet, während das arme Breithorn etwa, das doch auch einen ausladenden Giebel und eine Anzahl hoher Erker hat, nur gerade den Hauptgipfel unter die sogenannten Viertausender bringt (Seite 18).
Wie lässt sich die rüde Bevorzugung des einen und Rücksetzung des andern

Nächste Seite: Frühaufsteher geniessen auf dem Gornergrat vom Hotelfenster aus das Matterhorn, wenn es am schönsten ist. Kurz nach vier Uhr fallen im Juli die ersten Sonnenstrahlen in die klar exponierte Ostflanke mit Furggengrat links und Hörnligrat rechts. Nach einer Viertelstunde erlischt der rosige Schimmer und geht in das normale Tageslicht über. Die Aufnahme rechts zeigt in der frühen Sonne, vom selben Standort aus, Dent Blanche, Grand Cornier und Obergabelhorn. Im Schatten Pointe de Zinal und Mont Durant (Arbenhorn). →

Über die Arven und Lärchen des Riffelwaldes und das Tal hinweg schweift der Blick in den Kessel des Trifts mit Wellenkuppe, Trifthorn und Zinalrothorn. Im Riffelwald stehen 500- bis 1'000jährige Bäume und dazu in einer Höhe, die wesentlich über der durchschnittlichen Waldgrenze der Schweiz liegt. Wahrscheinlich ist die Baumgrenze hier mit 2400 m höher als in Europa überhaupt.

wohl erklären? Neben der an sich höheren Lage des Dachstockes mag dafür die Tatsache zählen, dass der Monte Rosa – ganz wie der Montblanc – in einer Landesecke rittlings auf der Grenze hockt. Man hatte sich unter Nachbarn nach allen Regeln des Anstands in die Festung zu teilen. Warum also nicht ein paar Nebengipfel mit Rang und Namen hinaufstilisieren? Nachzuschicken ist freilich, dass die wackeren Eidgenossen – getreu dem Vorbild der Franzosen am Montblanc folgend – den allerhöchsten Punkt, den Burgfried, für sich allein ausgesondert hatten. Die Landesgrenze verläuft nämlich hier wie dort fünfzig Meter unterhalb des Hauptgipfels auf der Seite des südlichen Nachbarn. Die Italiener hatten sich mit dem Mitbesitz an den Nebengipfeln zu bescheiden. Dabei erklären die Fischer von Venedig, an klaren Tagen den Widerschein des Monte Rosa im Wasser der Lagunen zu sehen. So gewaltig ist der Berg! Seine Rückwand (von Zermatt

aus betrachtet) ist eine zweitausend Meter hoch aufragende Mauer, durch deren Couloirs gnadenlos und ohne Unterbruch Gesteinssalven und Lawinen lotrecht ins Tal von Macugnaga hinunterdonnern. Die Firnkappe des Monte Rosa aber zündet tatsächlich bis in die lombardische Ebene.
«Gornerhorn» nannten die alten Zermatter den weissen Berg über dem Gornergletscher aus ihrer Sicht. Mit dem «Matterhorn» trafen sie bei der Namengebung besser ins Schwarze: Der Monte Rosa holte sich seinen

Stationen und Haltestellen der Gornergratbahn

Stationen und Haltestellen (H)	Höhe über Meer m	Entfernung von Zermatt km
Zermatt Bahnhof	1604	—
Findelenbach (H)	1770	1,8
Riffelalp	2210	4,0
Riffelboden (aufgehoben)	2348	5,1
Riffelberg	2582	6,5
Rotenboden (H)	2819	7,9
Gornergrat	3089	9,3

Baubeginn Mitte Mai 1896, Betriebseröffnung am 20. 8. 1898

kartographisch besiegelten Namen im jenseitigen Tal. «Monte Rosa» soll sich vom aostischen «roisa» ableiten und soviel bedeuten wie «Gletscherberg». Auch am Liskamm siegte der romanische Klang. «Lys», die Landeskarte schreibt «Lis», meint die «Weisse Lilie» und bezieht sich auf die einst französische Vallée de Lys im Süden des Berges.
Zusammen mit der Poesie der Namen kamen die ersten alpinistischen Vorstösse zur Eroberung des Grenzmassivs von drüben. Mit einem Gefolge von Forschern, Bergführern und Trägern, mit Kochtopf und Zelt, Skizzenblock und Barometer, stiegen sie aus Gressonay, Alagna und Macugnaga herauf, die Vincent, Zumstein, Giordani, Parrot, Gnifetti und Ludwig von Welden. Sie kreuzten über Sättel und Joche des Monte Rosa als wären es Schwellen einer Burg. Und wie andere den Abdruck ihrer Sohlen auf den Fliesen hinterlassen, prägten sich die Namen der Erstbegeher in die Nomenklatur des also malträtierten Gebirges ein. Für die höchsten Zinnen war die Zeit jedoch nicht reif. Es fehlte an der Ausrüstung und an vorgeschobenen Quartieren. Bis man den Zugang zum Grenzmassiv von Norden her suchte und sich, zögernd, mit einem Nachtlager in den Felsen am Gornergletscher und der Überwindung der unendlichen Eisbrüche vertraut gemacht hatte, verstrichen Jahrzehnte. Erst 1847 berichteten die ersten Alpinisten über einen Versuch zur Besteigung des Monte Rosa von der Zermatter Seite her. Aber schon 1855, das heisst 79 Jahre später als am Mont Blanc, betrat die erste Seilschaft die «Allerhöchste». Einen klangvolleren Namen wusste man vorläufig für

Die erste Morgensonne streift das Breithorn. Der Aufstieg zum Hauptgipfel erfolgt hintenherum über den Theodulpass und gilt bei vielen Bergsteigern als leichteste Viertausendertour. Der Nordabsturz, hier vom Gornergrat aus gesehen, lässt nicht mit sich spassen.

die spätere Dufourspitze nicht. Diese Fahrt aber hatte unter der Lärchentüre des im Vorjahr mit 18 Betten eröffneten Gasthauses Riffelberg begonnen! «L'appétit vient en mangeant» – die Begierde, sich dieser unbekannten Bergwelt zu bemächtigen, war nach dem Erfolg am Monte Rosa aufs äusserste gereizt. Vom reichgedeckten Tisch alpiner Renommierstücke wurden Kaviar und Salm herausgepickt und das Gemüse geschluckt, um die Gewohnheit des Essens nicht zu verlieren. Nach der Dufourspitze verschwanden Nordend, Allalin und Mischabel von der Anrichte, Rimpfischhorn und Alphubel, Liskamm und die Zwillinge; auf das Weisshorn und die Dent Blanche folgten Dent d'Hérens, Zinal und Obergabelhorn. Innerhalb eines Jahrzehnts war einschliesslich des Matterhorns die Zugänglichkeit aller Hochgipfel im Zermatter Kreisrund erwiesen. Ein paar Erbschen kollerten über die Gabel und wurden Jahre hinterher aufgewischt: Hohberghorn, Lenzspitze, Dürrenhorn und Bishorn. (Tabelle Seite 101).

Die Arve oder Zirbelkiefer ist an ihren fünfnadeligen Büscheln kenntlich. Mit weitgreifenden, schlangenartigen Wurzeln hält sie sich auf dem Gestein und an trockenen Steilhängen fest, wo andere Bäume nicht mehr lebensfähig sind.

Je vertrauter die einheimischen Führer mit der Umgebung wurden, desto sicherer wussten sie ihre Gäste zu leiten. Aus Handlangern der Wissenschaft waren Herren der Berge geworden und aus den Forschern entflammte Touristen. Was focht es die Nachkommenden an, über ausgetretene Stufen die Himmelsleiter aufzusteigen? Das reiche Abenteuer – Schneestampfen, Durst, Gefahr, Kameradschaft, neue Wege, Grate, Wände und über sich das weite Gewölbe des aus der Nacht zum Tag und vom Licht in die Dämmerung wechselnden Firmamentes – nahm seinen Fortgang. Bergsteigen war Mode geworden. Mutwille und überschäumende Lebenskraft, Protest und hohe Ziele der Jungen mündeten – was kostet die Welt? – in Taten. Aus der Sattheit der bürgerlichen Salons, aus Amtsstuben, Schulbänken, Werkstätten und väterlicher Vormundschaft brachen sie aus in die reine Luft der Berge. Tantième und kärglich Erspartes wanderten gegen ein paar genagelte Stiefel zum Schuhmacher: «Rock and Roll» fand im Hochgebirge statt.

Spieglein, Spieglein überall

Seelein gibts am Gornergrat und über den Riffelberg verstreut, die spielen mit Bergen, als wären es Bälle. Einer genügt ihnen nicht. Du springst hierhin und fängst den Monte Rosa, läufst dorthin, und dir fliegt das Matterhorn zu, du glaubst das Weisshorn zu fassen und fällst ins Zinalrothorn. Sie narren jene, die noch bei Verstand waren und verzaubern die, welche kamen um zu sehen. Sieger bleiben immer die Wässerlein. Um die der Berge willen aus den Städten herangeflutete Menschheit mit den irdischen Erfordernissen des Daseins zu versorgen, mit Speise, Trank und breiten Betten, war das neugebaute Riffelhaus bald einmal zu eng. Denn hier jagt schon auf der Schwelle prickelnd das Wagnis unter die Haut: Kurz nach ein Uhr treten die Gefährten zu grosser Fahrt in die Nacht hinaus, stapfen schweigsam, Tritt in Tritt, der Laterne des Führers folgend über taunassen Rasen und Geröll bergan. Ein Stein erklingt unter dem Stoss eines Pickels, leise fällt ein Wort. Blass und feierlich legt sich die Dämmerung über die Schatten der Berge – schon sprüht der Spiegel des Riffelsees. Gräser wippen unruhig im Wasser, und flimmernd bricht im krausen Glas eine Pyramide in Stücke, sie schiebt sich zusammen, bricht auseinander, fliesst ineinander, strömt auseinander, gerinnt und zerstiebt. Ein Nebelfetzen war es.

Unberührt steht darüber der Dämon, der Felsen, der auf der anderen Talseite einsam aus dem Gürtel der Gletscher ragt. Seine schwarzen Wände drohen, die Grate hängen unklar an der Form. Gespenstisch wartet der Berg. Auf wen? Du fühlst ihn bang im Rücken, drehst dich um und hast Mühe, den Blick zu lösen und dem Ziel in den silbern schimmernden Kuppen über dem Gornergletscher zuzuwenden. In der Wärme der Sonne aber, kehrt man mit schweren Gliedern zurück, sind Spuk und Grauen der Nacht verflogen. Die Seelein ergötzen sich heiter ihres Spiels, das Matterhorn wirft freimütig lockend das Ebenmass seines Körpers über die Fläche. «Bin ich nicht schön?»

Ein Vampir, stöhnten die Berichterstatter. Einer, der es genau wissen wollte, dem Bilder unter den Nägeln brannten, war der junge Whymper aus London. Edward war zwanzig Jahre alt, als er zum erstenmal auf den Riffelberg kam und das Fernglas anhob. «Beschäftige mich mit Holzschneiden», hatte er in sein Tagebuch geschrieben. Holzschneiden war ein durchaus zeitgemässer Beruf, seit die Buch- und Zeitungsverleger entdeckt hatten, dass Bilder den Absatz ihrer Erzeugnisse fördern. Die Kunst bestand darin, die zu verviel-

«Spieglein, sag, bin ich der schönste Berg?» Das Matterhorn besieht sich selbstgefällig im Riffelsee am Gornergrat. Es hat allen Grund, mit sich und dem Spiegel zufrieden zu sein.

Über dem Tal von Zermatt und dem Gornergletscher thront der Gornergrat, ein unscheinbarer Rücken, der aber dank seiner zentralen Lage inmitten der hohen Berge mit unerwarteter Schönheit des Ausblicks überrascht. Rechts im Schatten der Wolke das Riffelhorn vor Monte Rosa und Liskamm, links das Firnbecken von Findelen. Blick von Höhbalm.

fältigenden Illustrationen seitenverkehrt auf die hölzernen Drucktafeln zu übertragen und die Linien mit dem Grabstichel sorgfältig aus dem vertieften Grund herauszulösen. «Zeichne Diagramme. Diagramme! Was für eine elende Arbeit! Oft muss ich Linien schneiden, die nur ein Sechstel Zoll dick sind, und das Wochen hindurch. Ach, wenn ich doch nur aus dieser Tretmühle entrinnen könnte, in der es nicht einmal Aussicht auf bessere Zeiten gibt!» Hilfe, wo ist Hilfe? Man pflegt, um den Alltag zu beleben, ja noch keine Pflastersteine ihrem Zwecke zu entfremden und nicht im Chore zu skandieren. Nein, aber wir sahen, man hatte das Klettern entdeckt. Whymper fand durch seine Veduten den Weg in die Alpen, und er war fest entschlossen, hier Lachs und Kaviar zu kosten, will sagen, seine Hand an besten Fels zu legen, das unberührte Weisshorn – oder das Matterhorn zu besteigen. Einmal wollte er der erste sein. Am weissen Horn kam ihm der Landsmann Tyndall

Auch das Matterhorn kann sich bescheiden geben, es kommt darauf an, wo man steht. In der verkürzten Perspektive von Höhbalm aus verlieren sogar Nordwand und Zmuttgrat etwas von ihrer furchterregenden Allüre. Links der Hörnligrat, durch den die Bahnbauer 1890 einen Tunnel geplant hatten. Die Zufahrt war mit jener zum Gornergrat gekoppelt.

zuvor – blieb der Obelisk. Im Verlauf von fünf Jahren stieg Whymper achtmal ein, immer auf der Seite von Breuil. Die Versuche des kühl rechnenden Klettermannes waren indessen nicht die einzigen. Allen voran hatte sich der Italiener Carrel in den Stricken der Versuchung verfangen: es kam zu einem unlöblichen Wettrennen, dessen Ausgang sich in einem heissen Kampf zuspitzte. Die besonnenen Zermatter Führer schüttelten den Kopf und wiesen auf den wild nach Osten hackenden Geierschnabel des Felskolosses. Wie sollte der überschritten werden? Grund genug für den jungen Whymper, anderer Meinung zu sein, zumal es sein tägliches Brot war, in Opposition zu

Nächste Seiten: Nur ein kleiner Teil der regenbringenden Luftströmungen aus dem Süden tritt über Theodulpass, Weissgrat und Col de Valpelline ins rundum geschützte Tal von Zermatt. Sein Klima ist trocken und warm. Die Gletscher fungieren als Wasserspeicher und spenden im Sommer genügend Wasser. – Blick vom Rimpfischhorn →

denken. Seine entscheidende Expedition – in aller Eile und dem Zufall gehorchend unter Freunden und ihren Führern zusammengebracht – erfolgte, wie am Monte Rosa zehn Jahre zuvor, nun doch von der Zermatter Seite her.
Die erstmalige Besteigung des Matterhorns und das Unglück, dem vier blühende Leben zum Opfer fielen (ein Seil riss), entfachte ein loderndes Feuer der Entrüstung in allen Industrieländern. «Märtyrer der Leidenschaft», «ausgekochter Wahnsinn», war das mildeste, was sich an Worten fand. Das Fazit aber war folgenschwer und unerwartet. «Man» eilte jetzt nach Zermatt, um die Stätte der unheilschwangeren Verlockung mit eigenen Augen zu schauen. Noch bevor 1865 die ersten Menschen den Scheitel des Matterhorns betreten hatten, musste das Gasthaus Riffelberg auf dreissig Zimmer erweitert werden, nun aber wurden Riffelhaus und Gornergrat rundweg zum Tummelplatz. Die Schuld der Zermatter war es jedenfalls nicht, wenn das Matterhorn zum Handelsobjekt wurde: Der Preis richtet sich nach Angebot und Nachfrage.
Von den Pilgerscharen auf das Horn und den Karawanen auf den Gornergrat bis zum Bahnprojekt lag ein kurzer Schritt. Schon näherte sich ja der Schienenstrang von Visp her der alpinen Sommerfrische. Dennoch mochte man unter der Bundeskuppel zweimal gucken, ehe man erfasst hatte, was die

Auf der Terrasse des Kulmhotels Gornergrat lassen sich das Panorama, die frische Luft und das Leben an der warmen Sonne geniessen. Wer Lust hat, wandert zu Fuss über die weiten Alpen und findet Einsamkeit an wonnigen Plätzchen, wo immer es ihm beliebt.

Druckschrift unter lila Deckel barg, die da im August 1890 der hohen Behörde vorgelegt wurde. Sie erbat nichts Geringeres als die Zustimmung zu einer «bequemen Verbindung des im Bau befindlichen Bahnhofes Zermatt mit den

Hauptverhältnisse der Gornergratbahn und Vergleich mit andern Bahnen

Hauptverhältnisse	Gornergrat	Brig-Visp-Zermatt	Furka-Oberalp	Chamonix-Montenvers
Bergstation m ü. M.	3089	1605	1564-2033	1909
max. Höhenüberwindung m	1485	955	1489	879
Betriebslänge km	9,3	44	96	6
Spurweite cm	100	100	100	100
Adhäsion, Zahnrad	Z	AZ	AZ	Z
Zahnstange	Abt	Abt	Abt	Strub
Grösste Neigung %	20	12,5	11	22
Antriebskraft	Drehstrom 50 Hz	Einphasen Wechselstr. 16 2/3 Hz	Einphasen Wechselstr. 16 2/3 Hz	Einphasen Wechselstr. 50 Hz, Diesel
Fahrdrahtspannung V	725	11 000	11 000	11 000
Betriebseröffnung	1898	1890-91	1914-26	1909

zwei hauptsächlichsten Aussichtspunkten Gornergrat und Matterhorn, um dadurch deren Besuch zu erleichtern» (Heer, Konzessionsgesuch vom 20. August 1890). Vier Wochen darauf flatterte, auf sechs Blättern und in spitzer Tinte, ein zweites Gesuch desselben Inhalts auf den Tisch der Ratsherren (Roten, Zen Ruffinen und von Ernst, Konzessionsgesuch vom 22. September 1890). Und dies zu einer Zeit, da sich dem neuen Dampfvehikel zwischen Visp und Stalden nur die beherzten Zermatter anvertrauten, die übrigen aber alle Heiligen um Beistand baten, wenn sie des Dinges angesichtig wurden!

Kopfstehen und Purzelbaum sind nicht eben des Schweizers Sache. Alles mit Mass und schön in der Reihe, hat er sich in sein Leitbuch geschrieben. Konnte man über eine Bahn auf den Gornergrat füglich noch in guten Treuen zweierlei Meinung sein, was das Matterhorn anging, stand man diesmal Kopf. Das Projekt wurde vom Bundesrat empfohlen und vom Parlament mit entschiedener Mehrheit angenommen (Imfeld und Heer, Konzession vom 20. Juni 1892).

Der Eiffelturm geisterte durch die Welt. Als grosse Attraktion der Pariser Weltausstellung von 1889 schien das 300 m hohe Eisengerüst jedes Versprechen einlösen zu wollen, das man der Technik abforderte. Im gleichen Jahr machte in der Weltpresse die Nachricht Runde, in Interlaken gedenke man die Jungfrau zu durchbohren und eine Bahn bis auf die 4158 m hohe Spitze zu bauen. Sollte da das Matterhorn abseits stehen? Doch wohl nicht.

Das Programm der «Zermatter Hochgebirgsbahnen» war nicht minder aufregend. Der ehrgeizige Plan unterschied eine Zufahrt von Zermatt zum Fusse der Steilrampen und anschliessend einen Strang Gornergrat und einen Strang Matterhorn. Jede Strecke zerfiel, der Neigung und dem Terrain entsprechend, in Sektionen mit verschiedenem Betriebssystem. Dem Reisenden mutete man ein strapaziöses Umsteigepensum zu. Wäre so heiss gegessen wie gekocht worden, hätte er gut daran getan, Stock und Paletot zu Hause zu lassen, ehe er sie in einem Wagen vergass.

Sind Sie neugierig, wie die Bahn ausgesehen hätte? Dann bringen Sie doch die Familie mit, wir fahren gleich los! Möglicherweise können wir in Zermatt im Wagen sitzen bleiben, denn bis in den Talkessel hinein hat die «Hochgebirgsbahn», den Dorfhügel unterfahrend, den gleichen Antrieb wie die Talbahn von Visp her – Dampf und Zahnstange mit eingelegten Reibungs-

Links: Das erste Projekt für die «Zermatter Hochgebirgsbahnen» sah eine gemeinsame Zufahrt zum Fuss der Steilrampen vor und je ein System von Bahnen auf den Gornergrat und den Gipfel des Matterhorns. Der Bau der letzten Sektion der Matterhornbahn war verbunden mit der Verpflichtung zum Nachweis der Gefahrlosigkeit für Arbeiter und Passagiere. Die Konzession wurde nie eingelöst, verfiel und ist aus umweltschützerischen Gründen nicht mehr erneuert worden. Die Gornergratbahn konnte dagegen nach Abänderung der ursprünglichen Pläne gebaut werden und erfreute sich von Anfang an grosser Beliebtheit.

Nächste Doppelseite: Die Gornergratbahn führt unmittelbar an die grossen Gletscher heran. Blick vom Kulm aus auf Liskamm, 4527 m, das Felikjoch, Castor und Pollux, die 4228 und 4092 m hohen Zwillinge über dem Moränenhöcker der «Schwärze». Links und rechts des Liskamms fliessen Grenz- und Zwillingsgletscher herunter. →

strecken. Spätestens in der Station «Gorge» am Eingang in die Gornerenschlucht muss aber entschieden sein, ob wir zuerst aufs Matterhorn oder auf den Gornergrat fahren wollen. Während der Zug in Richtung der braungebrannten Häuser des Weilers Zum See weiterfährt, kehren die abgehängten Wagen mit den Passagieren für den Gornergrat mittels Spitzkehre und kleiner Lokomotive ebenerdig den andern Hang entlang nach «Moos» zurück. Die Station bildet den Ausgangspunkt der elektrischen Standseilbahn nach der Riffelalp und liegt am Fusse der westlichen Steilrampe an den Wald gedrückt. Durch Alpenrosen, Lärchen und Arven hisst sich unsere Kabine geradlinig an die Aussicht empor. Noch bevor Botanisierbüchse, Sonnenschirm und Picnic-Korb unter der Bank verstaut sind, naht unversehens schon die Umsteigestelle mit grossem Rad und steilen Treppen in halber Seillänge. Die Drahtseilbahn, mit Motor in der Streckenmitte, hält sich an das neue Beispiel

der Salvatorebahn bei Lugano: auf halber Höhe muss in den entgegenkommenden Wagen übergesiedelt werden. Frisch sortiert und eingeschachtelt sehen wir jetzt die Riffelalp sich nähern. Ei, und was steht da, ein Gartenhäuschen auf vier Rädern? Eine elektrische Zahnradlokomotive! Warum nur wartet sie erst hier? Erschöpft lassen wir uns im offenen Sommerwagen, vom summenden Häuschen sanft gestossen, über die sonnigen Alpen dem Gornergrat zutragen. Der Picnic-Korb - leider - ist unten geblieben!

Fahrzeuge und Leistungen der Gornergratbahn seit 1898

Jahre	Elektr. Lokomotiven	Triebwagen	Doppeltriebwagen	Personenwagen	Platzangebot Personen	Züge km im Durchschnitt pro Jahr	Reisende im Durchschnitt pro Jahr
1898-1902	3	–	–	6	330	9656	28095
1903-14	4	–	–	8-9	429-489	12876	37862
1915-29	4	–	–	9	489	10378	29339
1930-46	5	–	–	9-8	489-429	20983	60776
1947-51	5	2	–	7	770	41650	192840
1952-54	5	4	–	6	880	61313	300285
1955-58	5	6	–	6	990	101645	569222
1959-60	5	8	–	5	1100	128772	882329
1961-65	4	12	–	3	1320	139689	1145678
1966-74	3	12	2	–	1800	179029	1889907
1975-80	3	12	4	–	1992	212474	2291555

Der umständliche Reiseplan hat sich, gewiss mit Recht, nur auf dieser Talseite und auch nur in seinem himmelnäheren Teil verwirklicht. Die Gornergratbahn ist nicht die erste elektrische Zahnradbahn der Welt geworden, wie es hätte sein können (den Lorbeer nahm ihr die Bahn am Mont Salève vorweg), wohl aber die erste der Schweiz.

Bis an den Grund des Felskegels war die Matterhornbahn gleich projektiert wie die Linie am Gornergrat: der Dampfbahn folgten eine Standseilbahn mit dem hohen Neigungswinkel von 55% (auf 1 m Horizontallänge 55 cm Steigung) und eine rund 4,5 km lange elektrische Zahnradbahn. Bevor unsere Phantasiereise weiterführt, heisst es zweimal tief schnaufen. Wenn Sie acht Kinder haben, nehmen Sie bitte nur vier mit! Auf einer teils offenen Rampe mit 33% Steigung schafft sich die Bahn jetzt an der südlichen Lehne des Hörnlis am Furgg-Gletscher hoch. Ein 200 m langer Tunnel sticht direkt in die Flanke des Matterhorns und in die unterirdische Station Whympershütte auf 3140 m Höhe. Hier steigen wir in die Drahtseilbahn um, die auf einer schiefen Ebene bei einer mittleren Neigung von 75% die restliche Strecke der 2'300 m schnurstracks auf den Gipfel gleitet - doch nein, auf halber Höhe muss nochmals von einem Wagen in den andern gewechselt werden. Auch hier befindet sich der Antriebsmotor in der Mitte der Strecke. Die Kabinen, auf steilen Zahnstangen Abt'scher Bauart eingerastet, hängen an mehreren Seilen im hohen Schacht, sie weisen besondere Vorrichtungen für die sorgfältige Geschwindigkeitsregulierung und mehrfache Bremsung auf. Im unwahrscheinlichen Fall einer Panne oder Unpässlichkeit steht es den Passagieren frei, auf der um den Schacht gewundenen Treppe, in kurzen Zwischenräumen sind Nischen herausgeschlagen, die 1'345 m zu Fuss herunterzusteigen. Etwa zwanzig Meter unterhalb der Scheitelhöhe des Horns sind ausser den Aussichtsgalerien ein Restaurant und einige Schlafkabinen eingerichtet, so dass für die überstürzte Rückreise vom Gipfel allerdings kein Anlass besteht.

So war die Matterhornbahn beschaffen, die 1892 vom eidgenössischen Parlament konzessioniert worden ist. Den Spuk (er kehrt periodisch wieder) hatte man allerdings insofern an Ketten gelegt, als den Bauherren die Bedingung auferlegt wurde, dass vor einer Genehmigung der Detailpläne nachgewiesen sein müsste, Bau und Betrieb der Bahn zögen «in Bezug auf Leben und Gesundheit der Menschen keine ausnahmsweisen Gefahren nach sich». Gemeint waren die Gefahren der grossen Höhe. Die technische Ausführung gab grundsätzlich zu keinen Bedenken Anlass, und ob die Matterhornbahn an Seilen hing oder auf einem Luftkissen hüpfte, war vorerst unwesentlich.

Wenn der letzte Zug den Gornergrat verlassen hat, kann dem zurückbleibenden stillen Gast ein kleines Wunder widerfahren: leise nähern sich die Steinböcke, trippeln über den Bahnhofplatz, als wäre er ihre Wohnstube. In den Felsen rund um das Riffelhorn und in der Südwand des Gornergrates lebt ein sechzigköpfiges Rudel der scheuen Tiere.

Das als zweite Variante vorgelegte Projekt hatte, zweimal unterstrichen, auf den kurz zuvor in der Schweizerischen Bauzeitung erschienen Artikel des Zürchers Locher, des Erbauers der Pilatusbahn, verwiesen, worin dieser für die Jungfraubahn ein neues Verfahren vorschlug: zwei parallele Stollen, in denen die Personenwagen auf einer Säule komprimierter Luft, in drei Schienen geführt, kurzerhand auf den Gipfel gespickt würden! Locher war bereit, sich auch am Matterhorn zu versuchen. Sonderbar genug: es gab auch in diesem zweiten Projekt die Verbindung der Bahnlinien, hier in einer Station «Moos». Die Verfasser mussten aber den Seufzer des geplagten Familienvaters gehört haben, denn sie zogen die beiden Zahnradbahnen, nun mit Dampfbetrieb, bis nach Moos hinunter und verzichteten auf die Drahtseilbahnen. Dafür kletterte ihr Budget, zufolge der wesentlich längeren Bahnrampen, von 7 Millionen auf 10 Millionen Franken.
Bleibt die Frage offen, warum das Parlament dem ersten Projekt den Vorzug gab, wie sich der Spuk am Matterhorn in sein Geisterschloss zurückzog und die Gornergratbahn freie Fahrt gewann. Das ist eine Geschichte für sich.

Unten: Die unablässig ansteigende Linie der 1896–1898 erbauten Gornergratbahn, einer reinen Zahnradbahn nach Bauart Abt. Grösste Neigung 20%, Spurweite 1 m.
Rechts: Am Bahnhof von Zermatt warten Hotelkutschen auf Gäste. Behende Elektrotaxis und offene Pferdegespanne sorgen für den Ausgleich im Fahrangebot auf den Dorfstrassen.

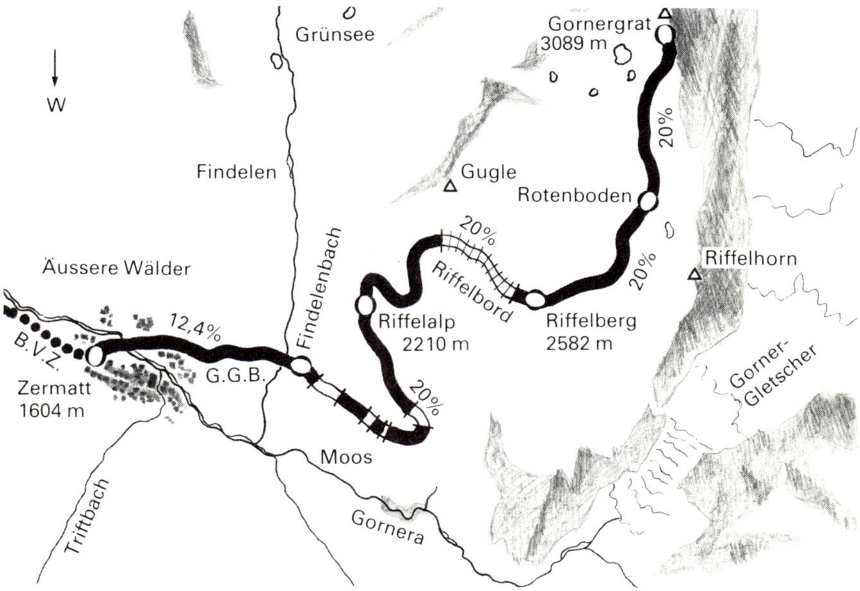

Zermatter Chronik

Vorsicht: dieses Kapitel ist ein historischer Exkurs! Sie dürfen die paar Seiten ungehindert umblättern. Dann verstehen Sie aber nicht, warum die Autostrasse nach Zermatt in Täsch Halt macht. Sie wollten auch wissen, was es mit den Projekten der «Zermatter Hochgebirgsbahnen» für eine tiefere Bewandtnis hat. Es ist unvermeidlich, für beides auf das Jahr 999 zurückzugehen.

Beginnen wir mit dem Nächstliegenden. Wer länger als vierundzwanzig Stunden in Zermatt weilt, wird mit der Sicherheit eines Gewitters im August erstens mit der Geschichte der Matterhornbesteigung und zweitens mit der Tatsache von zweierlei Bürgern konfrontiert. In Zermatt gibt es nämlich nicht nur die auf dem ganzen Globus verbreitete Zweiteilung der menschlichen Gesellschaft in Männlein und Weiblein, Linke und Rechte, sondern dazu in Burger und Nichtburger. Die Vorzeichen der letzteren ergeben sich aus der Kombination von Namen und Herkommen. An einer Liste von etwas mehr als zwanzig Familiennamen gelingt es, die Burger als Nachkommen alter Zermatter Geschlechter zu erkennen. Um die Nichtburger zu bestimmen, bedarf es eines Telephonbuches und der Schweizerkarte - in den Augen der alten Zermatter eine in höchstem Grade unfeine Art der Identifizierung. Die Burger leben also seit jeher in Zermatt, und die Nichtburger sind Einwohner, die zuzogen. Die Burger bilden die Burgergemeinde mit Burgerrat

und Burgerratspräsident, Burger und Nichtburger zusammen aber die Munizipalgemeinde mit den landesüblichen Organen.
Die Burger haben ihren berechtigten Stolz: ihre Vorväter haben eine historisch beachtliche Leistung erbracht. In der Abgeschiedenheit ihres Talkessels und unbeeinflusst von äussern Gedankenströmen, wussten sie die lange Hand ihrer Herren schon früh abzuschütteln und ein freies, autonomes Gemeinwesen mit selbständiger Gerichtsbarkeit aufzubauen. Landesherr war in alten Zeiten der Bischof von Sitten. Durch Verkauf und späteren Erbgang waren seine weltlichen Rechte im Nikolaital auf drei Edelleute gekommen, mit denen die Zermatter im 16. Jahrhundert in Verhandlungen traten über die Abgeltung der Ansprüche auf Haus und Hof, alle daran hängenden Dienstbarkeiten und auf die eigene Person. In drei Blöcken und um rares Geld, es konnte nur mit Umsicht und eisernem Sparwillen erarbeitet worden sein, kamen die Kaufverträge (1538, 1562, 1618) zustande. Sie umschlossen an die 190 Haushaltungen, die in den Siedlungen von Ried, Spiss, Haueten, Steinmatten und Winkelmatten sassen, in Herbrigg, Moos, Tufteren, Zmutt, Zum See, Blatten und Furi, ja in den Schweigmatten, in den Bächen und in Findelen. Ein Bruchteil wohnte rund um die Kirche, Zermatt hatte mehr Einwohner als dreihundert Jahre später, und wo Sie, lieber Leser, heute durch trockenes Ödland wandern, wuchsen Roggen und später Kartoffeln in künstlich bewässerten Äckern.
Nach Massgabe des Inkrafttretens ihres Vertrages bildeten die frei gewordenen Familien drei politische Gemeinden, gaben sich gleichlautende Verfassungen und je einen Meier, der, ohne «Rechts-Geräusche» für jeweils zwei Jahre in sein Amt eingesetzt, «allen Gerechtigkeit widerfahren zu lassen und Ärgernisse nach Kräften zu beseitigen hatte». Gleichzeitig erkauften sich die Matter ein für allemal beim Geistlichen in St. Niklaus Dispens vom geschuldeten Viehzehnten und beim eigenen Pfarrer vom Getreidezehnten. Der Honigmond dauerte bis zum Einfall der Armee Napoleons ins Wallis und der «Bürger» in Zermatt. Kurz vorher, 1791, hatten sich die drei Gemeinden noch rasch zu einer einzigen verschmolzen und Wälder, Allmenden und Berge, über deren Nutzung man sich notorisch in den Haaren lag, in den allgemeinen Tiegel geworfen. Der Tiegel aber trägt die Aufschrift: Achtung, nur für ortsansässige Ortsburger! Der Etikette ist es zu verdanken, dass heute die Alpen – auch der Gornergrat – noch im Besitz der Burgerschaft sind. Andernfalls wären sie wohl unselig zerstückelt worden.

Stockwerkeigentum kennt man im Wallis von alters her. Um die spärlichen guten Äcker und Wiesen nicht zu verbauen, wurden die Häuser an den Hang verlegt und von mehreren Familien miteinander errichtet. Das Zermatter Haus ist aus massivem Lärchenholz gefugt, der Küchenteil wird gemauert und das Dach mit fladengrossen Quarzitplatten gedeckt. Für die Imprägnierung des Holzes sorgt die unermüdliche Sonne.

So verschieden die Zermatter nun auch beschaffen sein mögen, im Grunde wollen sie alle dasselbe, nämlich vorwärtskommen. Bloss dass die einen dem Pferdchen «hü» zurufen und die andern «ho». Jahrzehntelang konnte man in Zermatt nur mit kurzem Zügel fahren oder reiten, so der Vierbeiner im Stall stand. Jahrhundertelang ging man zu Fuss, und vielleicht besass man kaum zwei paar Schuhe. Dass nicht im Galopp gefahren wurde, weder in die Welt hinaus, noch ins Tal herein, liegt an den Schnee- und Steinfudern, die in den hohen Runsen hängen und vornehmlich zwei Passagen aufs äusserste gefährden: die an den Steilhängen hinter Stalden und jene unmittelbar vor Zermatt. Um dem Pfarrer in St. Niklaus das Vieh zu bringen, musste nicht nur das zehnte Kalb geboren worden, sondern auch der Weg instandgestellt sein. Soviel es kostete, das Seelenheil mit Fleisch und Korn abzuwägen, verschlang auch der Steg ins Tal. Die Zermatter hatten ihre liebe Not mit den Nachbarn, um sich eine Verbindung mit der Aussenwelt offenzuhalten. Jener Kennedy, der sich, aus fruchtlosen Versuchen im Sommer gewitzigt, im Januar 1862 zur Erklimmung des Hörnligrates aufmachte, fand schon kurz nach Stalden die ersten ernsthaften Schwierigkeiten auf seinem mutigen Weg. Da hing das an den Südhang geklebte Mauerwerk des Saumweges vom Steinschlag und Eisdruck des Winters zerspellt und zersplittert über dem schaurigen Graben der Vispa, und hinter Täsch hatten sich gleich sechs Lawinenkegel an die siebzig Meter hoch in den Talschluss getürmt. Zwischen

Zwischen Kirche und Bahnhof. Die Fremden geniessen das seltene Privileg, ungehindert vom Benzinverkehr durch Dorf und Tal flanieren zu können. Vgl. dazu das Bild Seite 124.

Stalden und St. Niklaus hätte der Wanderer auch im Sommer auf einen Wagen verzichten müssen. Die Herrschaften, die Zermatt, dem Riffelberg und dem Matterhorn zustrebten, hatten die Wahl, ab Visp zu Fuss zu gehen, ein stämmiges Reitpferd zu besteigen oder sich von zwei Trägern im Sessel der Sänfte mehr derb als sanft befördern zu lassen. Erst in St. Niklaus wartete ein bespanntes Gefährt, und dies auch nur, nachdem auf Betreiben des Gasthausbesitzers Alexander Seiler der Saumweg am Oberlauf der Vispa zum Strässchen chaussiert und für Einspänner ausgebaut worden war. Den Fahrweg über die Schlucht der Kipfen und den Talriegel von Stalden hinaus vorzutreiben, dazu liessen sich die Gemeinden vor Zermatt nicht erweichen. Ihren kümmerlichen Bedürfnissen genügte der Saumweg vollauf, und der Kanton glaubte was wunder, wenn er dem Gesuch des ehrgeizig aufstrebenden Fremdenplatzes einmal mit 300 Franken zur Ausbesserung des Pfades entsprach.

Die Situation war wie geschaffen, um hier mit fremder Initiative wie reinigendes Feuer durchs Tal zu brennen. Auf die Art des Mittels kam es dabei weniger an als auf die Tatsache, dass Geld zusammenfloss und sich Leute fanden, die bereit waren, das Wagnis einzugehen. Ob eine Strasse erstellt und Steuern eingezogen oder eine Bahn gebaut und Taxen kassiert werden, läuft im Grunde auf eins hinaus. Von Staats wegen hatte man sich entschlossen, Gebühren auf den Strassen abzuschaffen und den Bahngesell-

Zermatt von Süden. Eine straffe Bauordnung sorgt für ausgewogene Giebel. In einem Jahr verbucht das Dorf über 1 Million verkaufter Logiernächte unter seinen Dächern.

schaften einen Maulkorb umzuhängen, dergestalt, dass sie nur dort rupfen konnten, wo die Saat üppig schoss. Ohne ein gehöriges Mass an Risikofreudigkeit geschah deshalb nichts.

Die Entwicklung von Zermatt zum Kurort

Jahr	Wohn-bevölkerung	Hotelbetten	Hotelgäste	Aufenthalts-dauer ⊘ Tage	Reisende nach Zermatt
1838		3	12	20 (1838–1890)	12
1855	370	90	1 600		1 600
1867	430	176	4 400		4 400
1880	492	428	9 300		9 300
1890	550	800	15 000		15 000
1938	1 000	2 469	24 651	5,2	69 400 *
1950	1 395	2 200	37 483	4,5	158 800
1960	2 731	2 936	82 502	5,5	429 600
1970	3 101	4 164	119 210	5,4	715 500

* ab 1938 ½ der Bahnfrequenz angenommen.

Und doch lagen in der Schweiz innerhalb von 40 Jahren nach Eröffnung der ersten Bahnlinie Zürich–Baden 3 000 Kilometer Schienen. Mit 9,8 Kilometern Eisenbahn auf 10 000 Einwohner war das Netz 1886 – dem Zeitpunkt der Konzessionierung der Visp-Zermatt-Bahn – dichter geknüpft als selbst in England, Frankreich, Deutschland und Belgien. Bloss vom Reissbrett geflogen sind die Bahnen freilich nicht. Die technische Brise fand Aufwind im wirtschaftlich-rechtlichen Ausbau im Bundesstaat. Die 22 Kantone taten mit der Verfassung von 1848 einen Meilenschritt, weil sie den Zoll an die Landesgrenze verlegten und eine einheitliche Regelung von Post, Münzen (297 einheimische Sorten waren im Handel!), Massen und Gewichten schufen. Auch wenn manche meinten, der Arm des Frauenzimmers auf dem neuen Silberfranken sei zu lang geraten, konnte das Geld nun ungehindert umfliessen, durch Vermittlung der Banken, und sich dort sammeln, wo Profite lächelten. Volk und Kantone aber wachten mit Argusaugen über den dividendenträchtigen Eisenbahnen, und ob der Frage «Privat- oder Bundesbahnen» erhitzten sich die Bürger. 1852 wurde ein Aufsichtsgesetz erlassen, welches dem Bund zwar Kontrollkompetenzen verlieh und auch Rückkaufsbedingungen festlegte, im übrigen aber der Konkurrenz das Feld öffnete. Der Bildung von Privatbahngesellschaften – auch den Kantonen stand dies offen – sowie der Förderung regionaler Interessen lag nichts im Weg. Je dichter

← Vorangehende Seiten: Auf der 1978 eröffneten Doppelspur Riffelalp–Riffelboden in der Mitte der Strecke Zermatt–Gornergrat. Die Züge fahren im 24 min-Takt, wobei jeder Zug aus bis zu 6 Teilzügen besteht, die sich auf Sichtweite folgen. So bewältigt die Gornergratbahn heute eine Dauerleistung von 1725 Personen pro Stunde in jeder Fahrrichtung.

aber das Schienennetz in der industrialisierten Ebene wurde und je ärger man sich mit den Hauptlinien in die Quere lief (bereits kam es zu Konkursen), desto eifriger warfen sich die Initianten auf die fast ausschliesslich dem Fremdenverkehr dienenden Bergbahnen. Um der aufkeimenden Spekulationswut und den Übelständen im öffentlichen Verkehr abzuhelfen, musste der Bund seine Grosszügigkeit zurückbuchstabieren. Mit der Annahme des Eisenbahngesetzes von 1872 wurde ihm das Recht der Konzessionserteilung und dem neugebildeten Departement die Aufsicht über den Bau und Betrieb der Bahnen, die Anlagen und Finanzen, die Statuten, den Fahrplan und die Tarife überbunden. In Bern entscheiden zu lassen, ob eine Bahn auf ihrem Boden gebaut werden dürfe und wie sie auszusehen habe, das hatten die Walliser nun gar nicht gern. Bevormundung ist ungefähr die letzte Pein, die sie im Fegefeuer sehen. Wer sind diese Walliser?

Jedenfalls waschechte Schweizer, gemessen an ihrer Vorstellung vom Purgatorium, und den Vieren am Waldstättersee reichen sie das Wasser – es fliesst übrigens dies- und jenseits der Furka vom gleichen Bergstock. Nur kam das Wallis fünfhundert Jahre später in den ewigen Bund als Uri, Schwyz und Unterwalden. Um Kanten und Ecken gegenseitig abzuwetzen, was das Zusammenleben ja erst erträglich macht, war die Zeit nicht ausreichend. Oberwalliser Gemeinden hatten zwar schon früh Verträge mit den Innerschweizern. Die Bündnisse zielten letztlich auf die Verteidigung des Alpenwalls gegen den gemeinsamen Anstösser im Süden, den mächtigen Herzog von Mailand. Auf mehr als zehn Jahre wollte man sich aber nicht binden, zumal die Erneuerung der Urkunden hüben und drüben immer wieder den erfreulichen Anlass zum brüderlichen Kredenzen und Schmausen bot. Man verstand sich seit jeher gut, vom Standpunkt der Eidgenossen aus war das Wallis ein «zugewandter Ort».

Das Gebiet am Oberlauf der Rhone von der Furka bis unters Talknie, die «Landschaft Wallis», schenkte der letzte König von Hochburgund im Jahr 999 dem Bischof von Sitten. Beim Übergang Burgunds ins Heilige Römische Reich Deutscher Nation wurde der Gottesmann mit allen Insignien weltlicher Herrschaft ausgezeichnet und reichsunmittelbarer Fürst. Im Verlauf der Jahrhunderte fanden die Bischöfe am gemeinen Volk die bessere Stütze als am Landadel, weshalb sie den Bauern schon im 14. Jahrhundert beratende Rechte gaben und das Consilium generale terrae Vallesii, den späteren «Landrat» einführten. Es bildeten sich selbstbewusste Gemeinden, wie jene in Zermatt, die sich ihrerseits in sogenannten Zenden, das heisst in selbständigen Republiken zusammenschlossen. Die einzelnen Zenden (ursprünglich sieben, zuletzt zehn) hatten ihre eigene Regierung, den Zendenrat, ihr eigenes Banner und das Recht, mit dem Ausland Verträge abzuschliessen. Die höchste Gewalt – im Gesamtstaat wie in den Zenden – lag aber bei den

Gemeinden. Das Staatsgebilde im Wallis war jenem in der Urschweiz ähnlich, aber völlig selbständig.
Wie erklärt es sich, dass trotz allem die Schweiz auf der Landkarte die Form eines satten Igels zeigt, der sein volles Wänstlein in den Boden drückt? Wären diese scheinheiligen Eidgenossen gar verkappte Imperialisten, die eines Tages auszogen, den Rhonelauf zu erobern? Nun, ein normales Mass an Gefrässigkeit ist dem eidgenössischen Igel nicht abzusprechen. Mit gesundem Appetit warf er sich etwa in die Gärten der herzoglichen Nachbarn, wenn es galt, die Grenzen zu sichern. Und seltsam genug, den biederen Mannen unter dem Stachelkleid fiel es nicht ein, die Leute in den eroberten Gebieten, auch wenn diese froh genug waren, ihr fürstliches Joch abzuwerfen, mit Rechten und Freiheiten zu beschenken. Die Eidgenossen etablierten Landvögte und pfiffen diese erst unter den egalisierenden Fanfarenstössen der französischen Revolution zurück. Nach gleichem Rezept verfuhren aber auch die Oberwalliser im Mündungsgebiet der Rhone am oberen Genfersee, wo sie sich gegenüber den streitsüchtigen Herzögen von Savoyen abzuschirmen hatten und, um den Untertanen Platz zu machen, auf den Ratsbänken erst 1798 zur Seite rutschten. Damit ist auch erklärt, warum im Wallis nicht überall zur gleichen Melodie getanzt wird.

Einsames Weglein im Riffelwald, Inbegriff eines sommerlichen Spaziergangs, Traum von Millionen in den Städten zusammengepferchten Menschen. Ob man ihnen die Pflege und Erneuerung des Waldes, trotz Kahlschlages für Skipisten, nicht fast schuldig ist?

Die letzten Happen hat der Igel aber zur Zeit des Wiener Kongresses zu sich genommen: unter den Augen der Grossmächte, die das Erbe Napoleons verteilten, wurde dem helvetischen Lande das Wallis 1815 zwangsweise verfuttert. Die Walliser hatten die Wahl, zwischen zwei Übeln das kleinere zu nehmen, als selbständige Republik in die Abhängigkeit von Paris zu schlittern oder sich zur Eidgenossenschaft zu schlagen. Unter dem Eindruck der vorbeigezogenen französichen Kanonen und der Meldung, Napoleon sei aus Elba entflohen, war es leicht, sich für die willkommend geöffneten Arme der Helvetia zu entscheiden. Als es aber 1848 darum ging, die provisorische Verfassung der Schweiz durch ein besseres Bauwerk zu ersetzen, vom Staatenbund zum Bundesstaat überzugehen, stimmte das Volk im Oberwallis derart erbost dagegen, mit hundert zu zehn, dass in der neuen Kantonshauptstadt Sitten betretenes Schweigen durch die Gassen kroch. Der erste eidgenössische Kompromiss bereitete sich vor: im Wallis würde man sich fügen, wenn die Mehrheit des Schweizer Volkes und der Kantone für die Annahme war. Die Verfassung trat in Kraft. Ihre Auswirkungen haben wir bereits kennengelernt.
Die Bahn Visp-Zermatt wurde 1890 durch die Vermittlung von Lausanner und Basler Bankiers gebaut.

Das Entzücken aller fremden Gäste: eine Herde waschechter Oberwalliser Schwarzhalsziegen. Man sieht sie kaum mehr, und hätte der Kurverein nicht eingegriffen, das spassige Tier wäre wie die Kühe aus dem Zermatter Bild verlorengegangen.

Ferngesteuert die Vispa entlang

Kein Philosophe will uns ein gutes Zeugnis für die Zügelung der technischen Errungenschaften ausstellen. Alles hat die Menschheit falsch gemacht. Es könnte sich indessen zeigen, dass die Zermatter auch darin mit gesundem Gefühl aus der Reihe tanzen. Woran sich Zürcher, Basler und Berner, Genfer und Lausanner die Zähne ausbeissen, an der Beschränkung des Individualverkehrs zugunsten einer Hebung der Wohnqualität, daran hat man sich unter dem Matterhorn bereits exemplarisch versucht, und ohne das Gebiss zu beschädigen. Zermatt ist autofrei, ja die Wagen bleiben sechs Kilometer unterhalb des Dorfes zurück. Zubringerin ist eine leistungsfähige Bahn. Nicht als ob man vom Fortschritt hier weniger hielte als anderswo: Anstelle des Zügleins, das ehemals mit zweiachsigen Sommerwägelchen sechsmal pro Tag durch das Nikolaital dampfte, eilt heute eine lange Komposition ferngesteuert sechzigmal über die Linie und dies in der halben Zeit und das ganze Jahr durch. Mit der Vorstellung der Randäier und Täscher, wenn die Bahn sonst auch nicht viel nütze, so liessen sich die Dampflokomotiven im

Hinter St. Niklaus. Die Visp-Zermatt-Bahn (1930 bis Brig verlängert) ist 1890 eröffnet worden. Für die Wahl des gemischten Dampfbetriebes auf Adhäsions- und Zahnstangenstrecken nach Bauart Abt waren die überzeugenden Leistungen der damals neuen Harzbahn in Braunschweig sowie der Lehesten- und der Örtelsbruchbahn in Thüringen ausschlaggebend.

Notfall wenigstens als Feuerspritzen verwenden, war gehörig aufgeräumt worden.
Die Brig-Visp-Zermatt-Bahn war 1966 die erste Privatbahn der Schweiz, die ihre Gesamtstrecke mit einer zentralgesteuerten Überwachung versehen hatte. Damit schuf sie die Grundlagen für die Erhöhung der Frequenz, der Reisegeschwindigkeit und der Sicherheit.
Wer im Zug sitzt, beugt sich ab Stalden zum Fenster links und zum Fenster rechts, um ja den ersten Blick aufs Matterhorn nicht zu verfehlen. Fahrplan und Sicherheit kümmern ihn vorerst wenig, und doch wird er plötzlich erstaunt beobachten, dass in Kalpetran, in St. Niklaus, Herbriggen und Randa kein rotbemützter Mann unter das Vordach des Bahnhofes steht und mit grün-weisser Kelle den Wink zur Abfahrt gibt. Der Zug scheint sich unkontrolliert in Bewegung zu setzen.

Fahrzeuge und Leistungen der Brig-Visp-Zermatt-Bahn seit 1890

Jahre	Dampflokomotiven	Elektr. Lokomotiven	Triebwagen	Züge km im Durchschnitt pro Jahr	Reisende im Durchschnitt pro Jahr	Güter t im Durchschnitt pro Jahr
1890-1907	4-7	–	–	42918	54166	5905
1908-28	8	–	–	48728	68538	7154
1929-38	3-1	5	–	115642	146357	11324
1939-59	1	6	–	209966	368572	29995
1960-65	1	6	2	473870	993836	84379
1966-75	1	6	5	634252	1574074	67667
1976-80	1	6	9	691622	2092757	57229

1900 Angebot 570 Sitzplätze, 1980 Angebot 3381 Sitzplätze

Sorge ist unbegründet: der Zug reserviert sich seine Strecke nämlich selbst. Beim Befahren des letzten Streckenblockabschnittes vor der Station werden die Einfahrstrasse und das Einfahrsignal vorbereitet, zugleich aber auch das Ausfahrsignal auf Fahrt gestellt und die Strecke automatisch vorblockiert. Ist die Linie der Weiterfahrt schon durch einen entgegenkommenden Zug belegt (die ganze Strecke ist einspurig), erfolgt die Kreuzung automatisch in der Station. Wir haben hier zu warten. Eilt aber in der gleichen Fahrrichtung ein Zug voraus, dann öffnet das Ausfahrsignal die Strecke selbsttätig, sobald der Abschnitt frei ist. Wenn die Signale auf Fahrt stehen und der fahrplanmässige Zeitpunkt gekommen ist, bedarf es deshalb nur noch der Zusicherung des Kondukteurs, auch der letzte Koffer sei eingeladen, um den Lokomotivführer zur Fahrt zu veranlassen. Nachdem der Zug zwei kurze Stromkreise passiert hat, wird der Blockabschnitt wieder freigemeldet. Auf die Prüfung des Zugschlusses kann verzichtet werden, weil alle Fahr-

Die Triebfahrzeuge der Brig-Visp-Zermatt-Bahn (ursprünglicher Zustand)

	Dampflokomotiven	Dampflokomotiven
Betriebsnummer *	1-6	7-8
Baujahr	1890-1902	1906-1908
Bauart und Serie	2/3 II	HG 2/3
Heizfläche m^2	64	63,5
Rostfläche m^2	1,26	1,25
Triebzahnräder	2	2
Wasservorräte 1	2530	2500
Kohlenvorräte kg	1300	1300
Länge über Puffer m	7624	7636
Dienstgewicht t	29	31,7
Erbauer	SLM	SLM
Berg- und Talfahrt km/h **	7/25	10/30
Vollgewicht des Zuges t	46	80
Sitzplätze des Zuges	110	140

* Nr. 1 Matterhorn, 2 Monte Rosa, 3 Mischabel, 4 Gornergrat, 5 St. Theodul, 6 Weisshorn, 7 Breithorn, 8 Lyskamm. «Breithorn» heute noch für Gesellschaftsfahrten in Betrieb, «Weisshorn» in Chur. Nr. 2, 3, 5-8 wurden nachträglich mit Überhitzern ausgerüstet. 1929 Nr. 1-5 ausrangiert, 1935 Nr. 8.
** Zahnstangenstrecke/Reibungsstrecke. *** 1945 verstärkt auf 928 PS.

Die Mühlebachbrücke der Brig-Visp-Zermatt-Bahn zwischen Stalden und Kalpetran. Unter dem Zug öffnet sich die achtzig Meter tiefe Schlucht der Mattervispa.

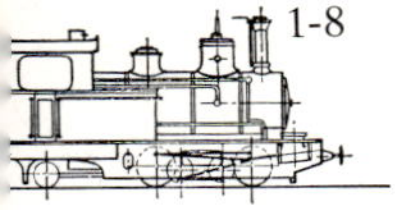
1-8

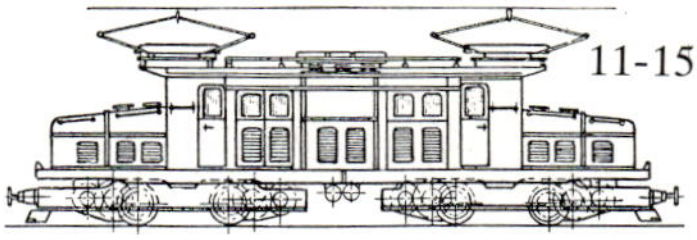
11-15

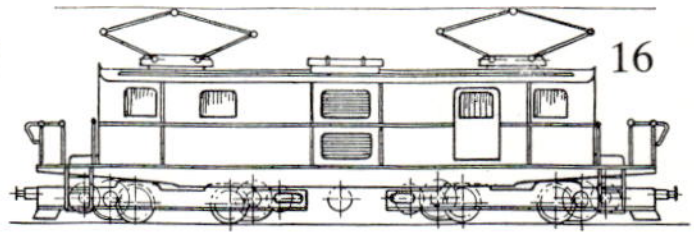
16

	Elektr. Lok.	Elektr. Lok.	Doppeltriebwagen
Betriebsnummer	11-15	16	2031-2032
Baujahr	1929-30	1939	1960
Bauart und Serie	HGe 4/4	HGe 4/4	ABDeh 6/6
Triebmotoren	4	4	6
Triebzahnräder	4	4	6
Stundenleistung kW	588 (800 PS***)	682 (928 PS)	882 (1200 PS)
Länge über Puffer m	14,1	14.2	32,3
Gewicht t	48	45	69
Erbauer mech. Teil	SLM-SWS	SLM-SWS	SLM-SIG
Erbauer elektr. Teil	MFO	MFO	SAAS
Bergfahrt km/h**	20/45	25/50	25/55
Vollgewicht des Zuges t	108	128	130
Sitzplätze des Zuges	160	200	250

2031-2032 2041-2043

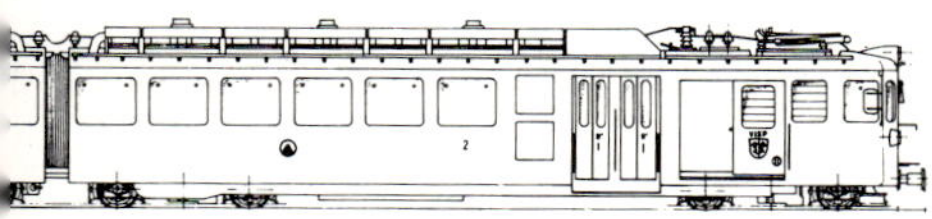

21-24

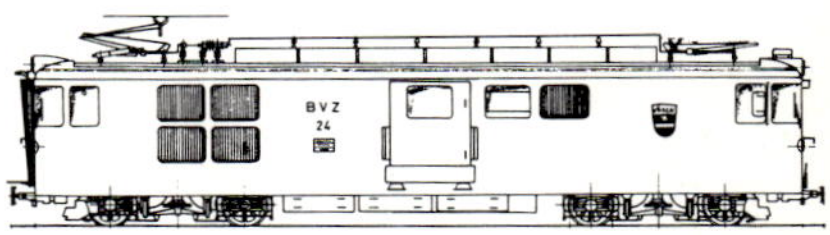

	Doppeltriebwagen	Gepäcktriebwagen
Betriebsnummer	2041-2043	21-24
Baujahr	1965	1975
Bauart und Serie	ABDeh 8/8	Deh 4/4
Triebmotoren	8	4
Triebzahnräder	8	4
Stundenleistung kW	1176 (1600 PS)	1094 (1488 PS)
Länge über Puffer m	36,1	16,9
Gewicht t	86	49
Erbauer mech. Teil	SLM	SIG-SLM
Erbauer elektr. Teil	SAAS	SAAS
Bergfahrt km/h**	25/55	30/65
Vollgewicht des Zuges t	170	142
Sitzplätze des Zuges	350	264

Abkürzungen: SLM Schweizerische Lokomotiv- und Maschinenfabrik Winterthur, BBC Brown Boveri & Cie. Baden, MFO Maschinenfabrik Oerlikon, SIG Schweiz. Industriegesellschaft Neuhausen, SAAS Sécheron Genf, SWS Schweiz. Wagonfabrik Schlieren.

zeuge mit Vakuumbremsen ausgerüstet sind und der Verlust eines Wagens den unverzüglichen Stillstand des Zuges zur Folge hätte.
Die Steuerung des ganzen Verkehrs erfolgt vom Domino-Streckenstellpult aus, das sich im Verwaltungsgebäude der Brig-Visp-Zermatt- und der Gornergratbahn in Brig befindet (die rechtlich selbständigen Bahnen haben seit 1921 eine Betriebsgemeinschaft mit gemeinsamem Direktor). Dank des automatischen Streckenblocks und der Fernsteuerung kann ein Betriebsbeamter den gesamten Verkehr zwischen Brig und Zermatt überwachen und leiten, auch wenn die kleinen Aussenstationen unbedient sind (Bild Seite 52). Mit Tastendruck – immer eine Taste für das Geleise und eine für das Signal – ist es möglich, eine Kreuzung oder Überholung zu veranlassen, das heisst einen Zug zu beschleunigen und einen andern aufzuhalten. Dies allerdings nur, solange der Blockabschnitt vor der betreffenden Station noch nicht befahren ist. Sinnlose Befehle werden nicht ausgeführt. Die Fernübertragung

Links: Der alte Saumpfad nach Zermatt zieht sich vor Kalpetran sechzig Meter oberhalb der Bahnlinie am sonnigen Ödhang hin. Die neue Strasse ins Nikolaital schneidet, ohne den Weiler zu berühren, durch die Waldrunsen auf der Gegenseite. Über dem tannenbestandenen Felskopf rechts liegt das Dörfchen Embd, in der Steillehne darunter gedeiht noch Wein.

Unten: In der Talenge der Kipfen (im Bild links der V-förmige Einschnitt) finden Fluss, Bahn, Weg und Strasse nur noch auf einer Seite und dicht übereinandergestaffelt Durchlass. Soeben ist ein Gewitter niedergegangen: die eingedämmte Vispe wälzt sich schmutzig gurgelnd durch den Engpass. Seit sie für die Gewinnung von Elektrizität gefasst wurde, führt sie nur noch einen Viertel ihrer ursprünglichen Wassermenge.

Gepäcktriebwagen	4	Deh 4/4 Nr. 21 «Stalden», 22 «St. Niklaus», 23 «Randa», 24 «Täsch»
Doppeltriebwagen	5	ABDeh 6/6 Nr. 2031-2032, ABDeh 8/8 Nr. 2041 «Brig», 2042 «Visp», 2043 «Zermatt»
Elektr. Lokomotiven	6	HGe 4/4 Nr. 11-16
Dampflokomotive	1	Nr. 7 «Breithorn»
Rangier-Diesellokomotiven	2	Nr. 71 und 72
Dieseltraktoren	3	Nr. 73, 2921, 2922
Steuerwagen	6	Bt 2241 und 2242 passend zu ABDeh 6/6 2031 und 2032, Bt 2251-2254 passend zu Deh 4/4 21-24
Personenwagen	51	A 2061-2067, 2071-2078, AB 2121-2122, 2161-2163 B 2221-2225, 2261-2275, 2281-2290 BD 2291
Güterwagen	83	davon 1 Gepäckwagen, 3 Gepäckwagen mit Postabteil, 3 Schiebewand-, 3 Isotherm-, 3 Container- und 6 Zisternenwagen
Dienstfahrzeuge	15	davon 3 Schneepflüge und eine Fahrleitungsdraisine
Autocars	6	Nr. 1, 4, 5, 6, 7 und 8

Unten: Das Domino-Streckenstellpult in Brig. Die Bahn nach Zermatt ist von ihrer Talstation Brig aus automatisch fernbedient, wobei zwölf Kreuzungsstationen und weitere zwölf Streckenblocks zur Verfügung stehen. Prioritäten lassen sich von Hand setzen. Jedes Triebfahrzeug hat Zugsfunk.

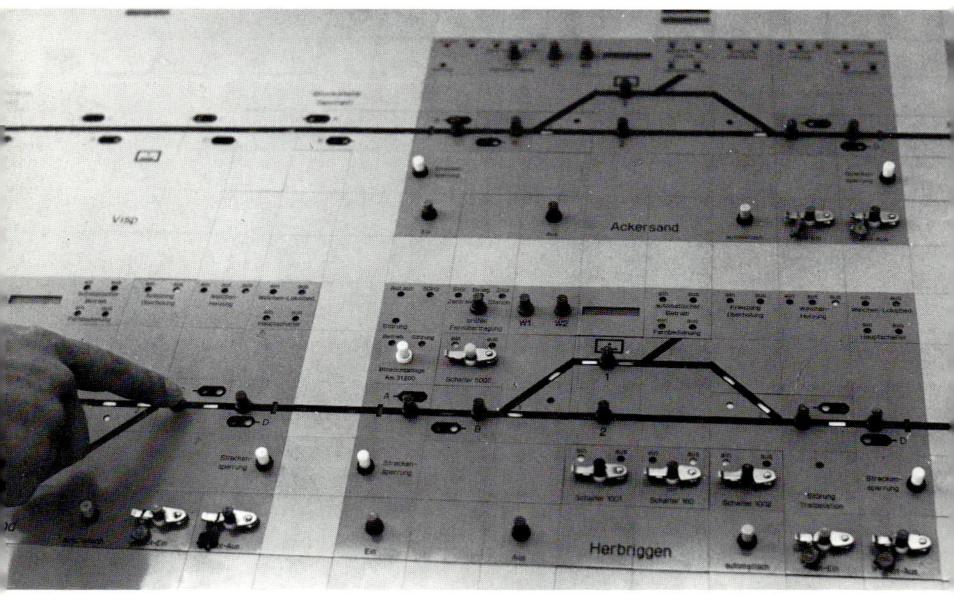

erfolgt durch Doppelcode und über ein bahneigenes Kabel, dessen rund 60 Adern die gleichzeitige Übermittlung zahlreicher Meldungen erlaubt. Auf dem Streckenstellpult signalisieren die grünen und roten Lämpchen somit fortwährend den augenblicklichen Zustand auf der 44 km langen Betriebslinie. Die Anlage umfasst das Haupt- und das Überholungsgeleise mit heizbaren Weichen von zwölf automatischen Kreuzungsstationen und zwölf Blockstellen – das sind Nahtpunkte zwischen Abschnitten. An einem dunkleren Feld auf dem Schirm des Pultes sind die einzelnen Stationsanlagen kenntlich. Blockstellen sind der ihnen am nächsten liegenden Station zuge-

Linienführung und Kunstbauten der Brig-Visp-Zermatt-Bahn

Heutige Betriebslänge	43 979 m
Eigentumslänge	43 396 m
Stationen und Haltestellen	11
Maximalneigung von 12,5%	auf 7642 m, d.h. Zahnstangenstrecke 18%
2,5%	auf 35 754 m, d.h. Reibungsstrecke 82%
Kurven	auf 7172 m, d.h. auf 16% der Betriebslänge
Tunnel und Galerien	15, mit Gesamtlänge von 2670 m, davon 8 Lawinengalerien mit Gesamtlänge von 2363 m, längste 652 m lang
Brücken und Viadukte	41, mit Gesamtlänge von 581 m, Mühlebachbrücke 73 m lang
Weichen	94

Unten: Die Lawinengalerie «Schusslaui» der Brig-Visp-Zermatt-Bahn kurz vor Zermatt. Beide Talhänge sind hier von gefährlichen Lawinen, Steinschlägen und Wildwassern bestrichen. Sichere Verkehrsverbindungen setzen gewaltige Kunstbauten voraus. Die Strasse ist für den öffentlichen Verkehr nicht freigegeben.

ordnet, wo auch die Relaisapparaturen zusammengefasst sind. Ein gemeinsames Überwachungsrelais meldet aber Störungen sowohl in die Fernsteuerung wie in das Stellpult in der Station selbst.
Wird von einer Station aus die Bedienung verlangt, um ein Manöver auszuführen, kann der automatische Betrieb ausgeschaltet werden. Ständig von einem Beamten besetzt sind lediglich Brig und Zermatt. Diese Stationen erscheinen ebenfalls auf dem Streckenstellpult, jedoch nur andeutungsweise mit den Signalen der Ein- und Ausfahrt sowie der dortigen zentralisierten Blockstellen.
Übrigens: Wenn Sie nach Zermatt den Zug nehmen, sitzen Sie auf beiden Fensterseiten richtig. Aufregend ist der Blick nach links und nach rechts. Das Matterhorn zeigt sich bis vor die letzte Krümmung auch nicht mit dem kleinen Finger. Oder doch – das ihm vorgelagerte Hörnli bequemt sich gelegentlich zu einem Gruss und hat dafür die Ehre, von Alleswissern als Matterhorn angesprochen zu werden.

Der Doppeltriebwagen ABDhe 8/8 «Visp», Baujahr 1965, eines der leistungsfähigsten Fahrzeuge der Brig-Visp-Zermatt-Bahn. Jede Hälfte des Wagens bildet eine elektrische Einheit: sie besitzt einen Stromabnehmer und vier in Reihe geschaltete Motoren. Alle acht Achsen des Triebwagens sind mit einem dauernd verkuppelten Werk für Adhäsions- und Zahnstangenantrieb ausgerüstet. – Die verkrauteten Felder hinter dem Bahnhof belegen so recht den Niedergang der Landwirtschaft in Zermatt.

Ziehen und stossen

Zermatt war also in den achtziger Jahren des vorigen Jahrhunderts als Tummelplatz der Eisenbahnbauer auserkoren worden. Die Innerschweiz und das Berner Oberland waren ausgedrückt wie reife Zitronen, jetzt kamen die saftigen Früchte des Wallis in die Presse. Wem tatsächlich die Idee der «Zermatter Hochgebirgsbahnen» zuzuschreiben ist, bleibt unklar. Verschiedene beanspruchten sie für sich. In Form gegossen und an die Öffentlichkeit gebracht, hat sie aber Caspar Leonhard Heer-Bétrix. Eine Bahn kann so oder anders sein. Sie wächst aus Einzelteilchen, aus Stimmungen und Launen, Wissen und Können, aus Zufällen und Abgewogenem, aus Neuem und Altvertrautem. Die Geburt kann normal verlaufen - diese hier war eine Zwillingsgeburt mit Komplikationen.

Die Eisenbahngeschichte sagt über Heer soviel, als dass er Buchdrucker war, wogegen die Typographen präzisieren, er hätte wohl in Biel eine Druckerei besessen, sich aber vorwiegend mit Eisenbahnen befasst. Der Briefkopf des talentierten Mannes - die Papiere liegen im Bundesarchiv - gibt den Umständen entsprechend knapp Auskunft über seine Tätigkeit. «Baufach» steht da unter dem Namen. Zweifellos war der Baufachmann ein Freund der Berge und ein geschickter Manager, der seine einmal gefassten Pläne zielstrebig in die Tat umsetzte. Das vor sich herschiebende «Man sollte» kannte er nicht - er war ein Mann des Entschlusses. Die Formulierung und Aufmachung seines Konzessionsgesuches vom 22. August 1890 belegt seine sorgfältige Regie.

Der Meinung, auf den Gornergrat müsse eine Bahn gebaut werden, ist Heer bestimmt auch in Zermatt selbst begegnet. Es darf aber angenommen werden, dass er den Anstoss für die Matterhornbahn gab und selbst der Getriebene war. Wenn es damals nicht einen Debattierclub für höhere Ingenieure und Baufachleute gegeben hat, so trafen sie sich doch gewiss periodisch im Portal des Bundeshauses, wo sie sich die Türfalle in die Hand gaben. Ein jeder hatte ein paar Konzessionsgesuche für Bahnen in der Tasche. Heer im September 1889 für die Überbrückung der Kleinen Scheidegg im Berner Oberland (Wengernalpbahn). Schon vier Wochen nach der Publikation musste er jedoch erfahren, dass sein schönes Projekt unter der allgemeinen Aufregung um zwei andere Gesuche, die eine Bahn vom gleichen Dorf aus betrafen, zu ersticken drohte: der Gipfel der Jungfrau war anvisiert. Koechlin und Trautweiler hiessen die beiden Spielverderber, ein Zürcher und ein Aargauer. Der eine war der Konstrukteur des Eiffelturmes in Paris und der andere Ingenieur an den Jura-Brünig-Bahnen. Es war den beiden zuzutrauen, dass sie ihre geplanten Standseilbahnen mit gleicher Lust und Fertigkeit auch

1 Adlerpass Höhe, m	3789	13 Fee, Saas m	1798	21 Liskamm m	4527
2 Allalinhorn	4027	14 Ferpècle	1770	22 Matterhorn	4477
3 Alphubel	4206	Findelen	2051	23 Chli Matterhorn	3883
4 Bösentrift	3248	Fluhalp	2618	24 Mattmark	2120
5 Breuil-Cervinia	2006	15 Gabelhorn, Ober	4063	25 Mettelhorn	3406
6 Breithorn	4164	Unter	3391	26 Mont Miné	2914
7 Cima di Jazzi	3803	Gandegghütte	3029	Monte Rosa:	
8 Colle delle Loccie	3334	16 Glac. Durand		27 Dufourspitze	4634
9 Col d'Hérens	3462	17 Glac. Moiry		Nordend	4609
10 Dent Blanche	4357	18 Gornergrat	3135	Monte Rosahütte	2795
11 Dent d'Hérens	4171	19 Grand Cornier	3961	28 Mountethütte	2886
12 Dom	4545	20 Hörnli	2888	29 Randa	1439

30 Riffelberg Höhe, m	2566
31 Riffelalp	2222
32 Riffelhorn	2927
33 Rimpfischhorn	4199
34 Rothorn, Zinal	4221
35 , Ober	3415
36 , Unter	3103
Rothornhütte	3200
37 Saas Grund	1559
Schönbielhütte	2694
Schwarzsee	2583
38 Stockhorn	3532

39 Stockji	m 3091
40 Strahlhorn	4190
41 Tête Blanche	3724
42 Theodulpass	3290
43 Täschhorn	4490
Trift	2337
44 Triftjoch	3530
Trifthorn	3728
45 Weisshorn	4505
Weisshornhütte	2932
46 Weisstor, Schwarzb.	3577
Wellenkuppe	3903

47 Zermatt	m 1616
Zmutt	1936
48 Zumsteinspitze	4563
Zwillinge:	
49 Castor	4228
50 Pollux	4092

Ein Gipsabguss des Zermatterhochgebirgsreliefs von X. Imfeld war um 1880 herum ein beliebtes Schaustück und kostete 2300 Franken!

im Matterhorn verankern würden! Wenn sich Heer die Priorität in Zermatt sichern wollte, und dazu war er nach seinen Erfahrungen und umfangreichen Vorstudien fest entschlossen, dann musste er geschupft und gestossen das Matterhorn in die Gornergratbahn einbeziehen.
Viel Zeit war nicht zu verlieren, aber Heer hatte sich guter Mitarbeiter versichert. Zwei Monate, nachdem ihm das Parlament die Konzession für die Wengernalpbahn zugesprochen hatte, lag das fertige Konzessionsbegehren für die Zermatter Bahnen vor. Mit der Tunnelbahn am Matterhorn war man nicht zimperlich. Koechlin und Trautweiler dachten für die Überwindung des 3300 m ausmachenden Höhenunterschiedes beim Jungfrauprojekt an vier bis fünf Abschnitte, Heer strich die 1350 m Niveaudifferenz zwischen Whympershütte und Matterhorngipfel kühn auf eine einzige Sektion zusammen. Die untere Partie der Matterhornbahn und die Gornergratbahn hatten, wenn wir ehrlich sein wollen, das gleiche Schnittmuster wie das Wengernalpprojekt - Drahtseilbahn am bewaldeten Steilhang und anschliessend eine schmalspurige, elektrische Zahnradbahn. Originell war aber die Verklinkung der beiden Schienenstränge Gornergrat und Matterhorn mit der Talbahn in «Gorge» am Eingang der Gornerenschlucht. Und sensationell für die damalige Zeit war die elektrische Traktion.
Die ganze Art, wie das Bahngeschäft angepackt wurde - von aussen hereintragend und nicht aus der Gemeinde wachsend - erregte bei der betroffenen Bergbevölkerung allerorten Unwillen. Man durfte sich aber zum Wort melden und wurde gehört, denn man war ja schliesslich in der freien Schweiz. Die Gemeinde Zermatt erhob in einer Eingabe an die Walliser Regierung Einspruch gegen das geplante Vorhaben. Auch die Bürger von Randa und Täsch, Führer und Träger, griffen zur Feder. Sie befürchteten eine Einbusse ihres Einkommens.
Im Bundeshaus hatte man die brisanten Papiere des Konzessionsgesuches unverzüglich wieder eingepackt und der Regierung in Sitten geschickt. Man bitte freundlich um Nachricht, was davon gehalten werde. Sehr viel, wie es schien, dumm war nur, dass die Zermatter nicht wollten und völlig unakzeptabel, wenn die Bahnen nicht von einer Walliser Gesellschaft erstellt würden.
Das war leicht zu steuern: innerhalb von vierzehn Tagen besass der Chef des Eidgenössischen Eisenbahndepartementes ein zweites Gesuch. Es konnte für den Matterhornstrang die inzwischen neu propagierte pneumatische Tunnelbahn von Locher berücksichtigen. Wenn die Unterzeichneten nicht vorher für die zwei Bahnen die Konzession verlangt hätten, hiess es im Begleitbrief, so lediglich, weil die Opposition der Zermatter Bevölkerung und private Interessen sie daran gehindert hätten. Nachdem die Frage aber einmal gestellt sei, bitte man um Erteilung der Konzession. Sich vom ersten

Die Dampflokomotiven von Roman Abt, wie sie u.a. auf der Linie Visp-Zermatt eingesetzt wurden, hatten erstmals je einen gesonderten Antrieb für Zahnstangen- und Reibungsstrecken. Die Zahnräder T1 und T2, mit den Bremsscheiben b1 und b2, sitzen im inneren, an den Laufachsen aufgehängten Rahmen und werden von zwei eigenen Zylindern angetrieben. Solange die Laufachsen ihre Schienen nicht verlassen, bleibt der Zahneingriff sicher. Die ausserhalb des Rahmens plazierten zwei Dampfzylinder treiben die drei Laufachsen an.

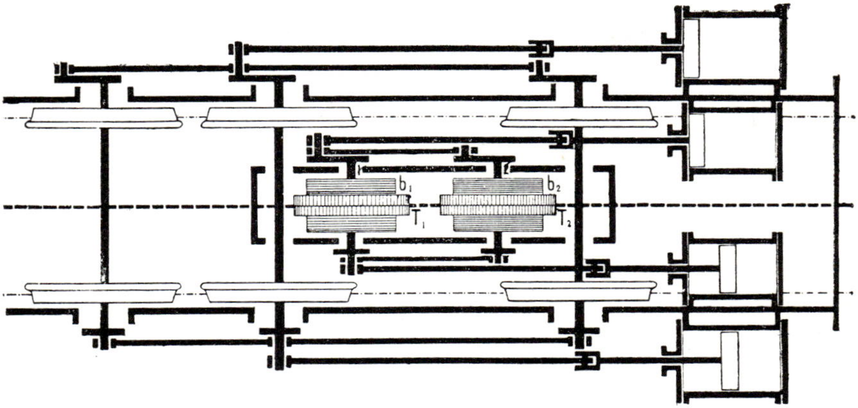

Abt machte 1885 auf der Harzbahn in Braunschweig die ersten Versuche mit seinem neuen System. Durch Verteilung des Zahneingriffs auf eine mehrteilige Zahnschiene war es ihm möglich geworden, bei gesteigerter Geschwindigkeit der Lokomotive den Zahnrädern einen kleineren Durchmesser zu geben und auf das Vorgelege zu verzichten. Die Einfahrt für die Zahnräder (unten) besteht aus einem längeren Zahnstangenstück, das in der Längsrichtung drehbar mit der festliegenden Zahnstange verbunden ist und auf elastischen Bänken ruht.

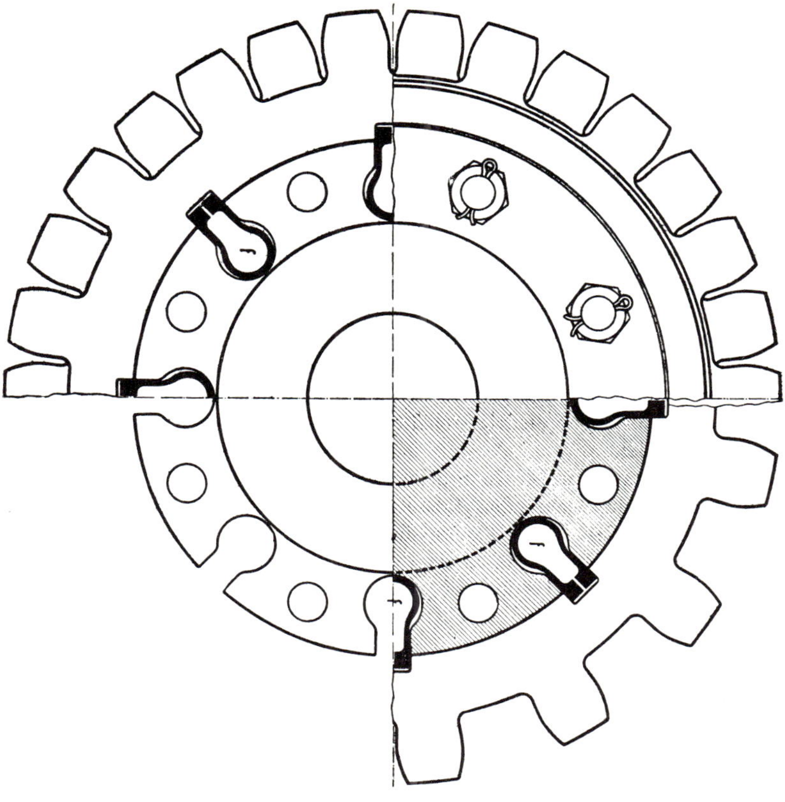

Wie die Brig-Visp-Zermatt-Bahn basiert auch die 1898 eröffnete Gornergratbahn auf dem Zahnstangensystem von Abt. Sie beschränkt sich aber auf reinen Zahnradantrieb und fuhr von Anfang an elektrisch. Die Abbildung unten gibt die Antriebsdisposition der ersten Lokomotiven He 2/2 wider. Sie zeigt die zwei Triebzahnräder, die beide ihren eigenen Antrieb haben. Vom Motor werden die 800 Umdrehungen pro Minute mit einer ersten Übersetzung auf die Vorgelegewelle U-U übertragen. Ein zweites Paar von Übersetzungszahnrädern V gibt die Bewegung an die Achse weiter, auf welcher das in der Zahnstange laufende Triebzahnrad T mit 573 mm Durchmesser und den Bremsscheiben b sitzt. Ganzes Übersetzungsverhältnis 1:12. Die Laufräder dienen lediglich der Führung des Fahrzeuges.

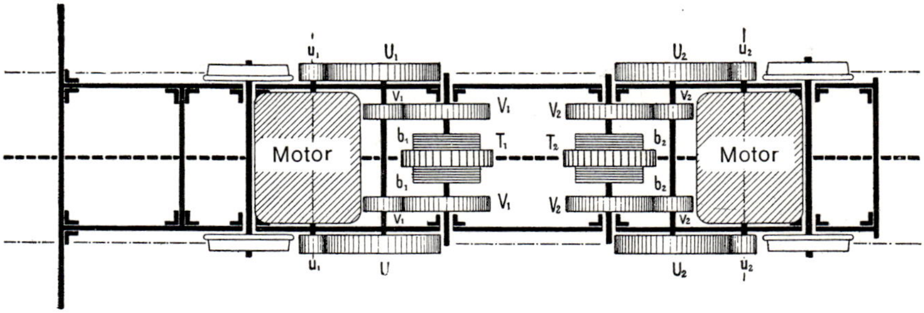

Links: Zahnrad und zugehörige zweilamellige Zahnstange nach Bauart Abt der Gornergratbahn. Da das Rad aus zwei Scheiben mit versetzten Zahnkränzen besteht, greifen immer mehrere Zähne gleichzeitig in die Zahnstange ein. Die zwei Zahnräder des Triebfahrzeuges sind so aufeinander abgestimmt, dass die Intervalle noch kürzer werden. Die Zahnteilung eines Zahnkranzes und der Zahnstange beträgt 120 mm gegenüber der bei Riggenbach üblichen von 100 mm. Die zwei Scheiben eines Zahnrades werden mit Bolzen zusammengehalten, die innerhalb der Bohrung abgefedert sind. Sie fangen Teilungsfehler ab und gewähren Sicherheit und ruhigen Gang der Maschine. Die Zahnstange ist auf den Schwellen fest montiert.

Projekt zu distanzieren, war schwierig. Der Topograph Xaver Imfeld, der das Matterhorn und den Gornergrat kannte wie kein zweiter, hatte seine Mitarbeit wegen – wie er sagte – Arbeitsüberlastung abgelehnt.

Nun war der Ball wieder bei den Zermattern. Was sagten sie zu einem Projekt, dessen Drahtzieher in Sitten sassen? Es gefiel immer noch nicht, aber man war realistisch geworden: In seiner Sitzung vom 16. November 1890 beschloss der Gemeinderat, um Zeit zu bitten und die Konzession für die Gornergratbahn selbst zu verlangen. Die Matterhornbahn mit ihren ungeheuren Problemen technischer, physikalischer und physiologischer Natur wollten sie gerne zukünftigen Konzessionären und den Bundesbehörden überlassen. Zeit – man dachte an eine Frist von fünf Jahren bis zur Einreichung der Detailpläne für die Gornergratbahn – war nötig, weil der Bevölkerung, den Führern, Trägern und den Sattelpferdhaltern die Anpassung an die veränderten Umstände ermöglicht werden musste. Auch die Visp-Zermatt-Bahn war ja noch immer im Bau. Neben den gewählten Gemeindevertretern war die kluge Eingabe von Alexander Seiler, dem Gasthofbesitzer und Herr über 600 Hotelbetten, unterzeichnet.

Zahnstangenweichen sind kompliziert. Links eine der geheizten Federzungenweichen der Gornergratbahn in der Station Riffelberg. Die Weiche wird vom Stellpult in der Station oder automatisch vom einfahrenden Zug gerichtet, sofern der Abschnitt nicht blockiert ist.

Rechts die aus der Bauzeit stammende Weiche im Bahnhof Kulm. Die zwei Zahnstangenlamellen werden in der Kreuzung für sich geführt und direkt an die Schienen herangeschoben, damit das Zahnrad dauernd im Einsatz bleibt. Kompliziert sind aber auch die Luftweichen einer mit Drehstrom betriebenen Bahn.

Im Grossen Rat in Sitten verwarf man sich die Hände. «Meine Herren, einigen Sie sich!» mahnte eine Stimme, «es könnte sonst geschehen, dass wir für ein fremdes Objekt stimmen müssen!» Kantonsgeometer Zen Ruffinen und Nationalrat Roten luden Zermatt ein, sich mit gleichen Rechten an ihrem Projekt zu beteiligen. Um es schmackhaft zu machen, verzichteten sie vorläufig auf die Realisierung der Matterhornbahn.
Eine Antwort blieb aus. Was war denn geschehen? Tragisches und Seltsames zugleich.
Während im Wallis um eine Stellungnahme gerungen wird, muss sich Leonhard Heer einer Operation unterziehen. Am 12. Dezember 1890 teilt er dem Bundesrat mit, in seiner Abwesenheit würden seine Interessen durch Ingenieur Xaver Imfeld (der Topograph) gewahrt, der auch bei den Vorarbeiten zum Projekt dabeigewesen sei und zu gleichen Rechten an einer Konzession beteiligt wäre. Dem Schreiben liegt ihr Finanzvertrag mit der Eidgenössischen Bank in Bern bei. Daraus geht hervor, dass sich diese für die Finanzierung des Objektes verpflichtet, falls es sich als durchführbar erweist. Wenige Tage später stirbt Heer. Imfeld hatte mit Leonhard Heer schon im

Frühjahr 1890 Verträge abgeschlossen, mit dem Ziel, drei verschiedene Eisenbahnprojekte - darunter die Zermatter Bahnen - zu realisieren.
Dass es im Dorf genügend Rebsaft gab, um den neuen Sachverhalt mit nasser Zunge zu bereden, ist nicht belegt. Wohl aber, dass jeder Xaver Imfeld kennen musste. Seit 14 Jahren ging er wie einer der ihren im Tal aus und ein. Mit dem bescheidenen, zu Spässen aufgelegten Mann hat man doch in der Hütte das Brot in die Milch getunkt und sich mit seinem Berglerschritt auf jedem Weglein gemessen. Er kennt jeden Tritt rundum und jeden Felsen, den Lauf der Wasser und die Lawinenzüge. Und - er hat eine Zermatterin zur Frau.
Xaver Imfeld war ein Obwaldner aus Sarnen, sein Bild hängt im Alpinen Museum in Bern und trägt den Hinweis: «1853-1909, genialer Topographe». Er kam nach seiner Ausbildung am Eidgenössischen Polytechnikum im Auftrag des Eidgenössischen Topographischen Büros ins Wallis, um die Landeskarte im Massstab 1:50 000 von Dufour nachzuführen und für den neuen Siegfriedatlas zu überarbeiten. Seiner Hand ist die wahrhaft geniale Wiedergabe der natürlichen Fels- und Geländeformen in 21 hochalpinen Kartenblättern zu verdanken.

Imfeld darf als der Promotor des Projektes der Gornergratbahn betrachtet werden. Er hatte schon 1886, als er für die Visp-Zermatt-Bahn topographische Erhebungen machte, den notwendigen Weiterausbau am Gornergrat erkannt und das Gelände rekognosziert. Er hatte mit dem zeichnenden technischen Ingenieur des Projektes Heer die Terrainstudien für die Plangestaltung

Die weiteren Schienenbahnen im Rhonetal

Bahn	eröffnet	Art	Spurweite cm	Betriebslänge km	Höchstneigung %	ursprüngl. Triebkraft
Bex-Villars-Bretaye	1898	AZ Abt	100	17,1	20	E
Aigle-Leysin	1900	AZ Abt	100	6.2	20	E
Aigle-Sépey-Diablerets	1905	A	100	22,4	6	E
Martigny-Châtelard	1906	AZ Strub	100	20,9	10	E
Simplon (Tunnel)	1906	A	143,5	(19,8)	2,7	DE *
Aigle-Ollon-Monthey-Champéry	1907	AZ Strub	100	23,1	13,5	E
Martigny-Orsières	1910	A	143,5	25,7	3,7	E
Sierre-Montana-Crans	1911	S	100	4,3	48,4	E
Lötschberg (Tunnel)	1913	A	143,5	(14,6)	2,7	E
Furka-Oberalp	1914-26	AZ Abt	100	96	11	D **
Leuk-Leukerbad ***	1915	AZ Abt	100	10,2	16	E
Le Châtelard-Château d'Eau	1948	S	100	1,3	87	E
Zermatt-Sunnegga	1980	S	100	1,5	63	E

A Adhäsion, Z Zahnrad, S Standseil, E Elektrizität, D Dampf.
* Die ersten elektrischen Versuche waren unbefriedigend. ** 1941 elektrifiziert.
*** 1967 Betrieb eingestellt.

vorgenommen, die Stärke der disponiblen Wasserkräfte und die Besucherfrequenz in Zermatt abgeklärt. Weil er die Familie seiner Frau nicht in die erwarteten Schwierigkeiten hineinziehen wollte, bat er Leonhard Heer, seinen Namen vorläufig zu verschweigen.

Im Mai 1891 liess die Gemeinde Zermatt in Bern und Sitten wissen, sie stelle sich hinter das Projekt Imfeld-Heer und verzichte auf eigene Pläne für die Gornergratbahn. Imfeld und die Erben Heer - Frau und Sohn - hatten mit der Burgergemeinde die näheren Umstände der Bodenabtretung abgeklärt, der Verlegung des Gesellschaftssitzes nach Sitten und der Aufnahme eines Kantonsvertreters in den Verwaltungsrat zugestimmt. Damit waren auch die Forderungen erfüllt, auf denen der Walliser Staatsrat bestand. Gegenüber dem Eisenbahndepartement hatten sich die Petenten dagegen bereit erklärt, für ihre über 3 000 m gelegene vierte Sektion der Matterhornbahn den verlangten Nachweis der Gefahrlosigkeit anzustreben und sich praktisch und finanziell an den von Ingenieur Koechlin für die Jungfraubahn anzustellenden Versuchen zu beteiligen. Man fand es im Bundeshaus recht und billig, dass nicht einer allein die Kosten tragen sollte, wenn die Untersuchungen beiden zugute kämen. «Auch das noch», mochten die Projektverfasser in Sitten gestöhnt haben. Sie, die nach der Absage von Zermatt wieder auf den vollen Plan zurückbuchstabiert hatten, verzichteten nun endgültig. Die Bundesversammlung erteilte in ihrer Sitzung vom 20. Juni 1892 ihre Zustimmung zum nun einzigen bestehenden Konzessionsbegehren Imfeld-Heer.

Die Konzession fiel in eine Zeit zunehmenden Argwohns gegenüber den Bergbahnen. 1893 gab es nicht weniger als 92 Eisenbahnkonzessionen für neue Linien in der Schweiz, die noch nicht im Bau waren. Wer wollte da noch Geld in einer Matterhornbahn investieren? Sie fallen lassen, riet die Bank. Das liebe Geld. Hatte sich vorher jemand gefragt, wo es herkäme? Keiner stiess sich an der wunderlichen Tatsache, dass die von den wetteifernden Gesuchstellern beigezogenen Bankhäuser alle in Bern in den gleichen Gassen standen!

Aber nicht nur die Finanzierung bereitete Schwierigkeiten, nein, auch die Motivierung der Matterhornbahn. Die Proteste ertönten von allen Seiten. Bergsteiger, Naturfreunde, Ärzte, Zermatter, Schweizer und Ausländer, meldeten ihre Bedenken an. Zermürbend und lähmend lag der Schatten des Berges über dem Bahnprojekt. 1894 beantragten die Konzessionäre eine Verlängerung der Eingabefristen für die technischen und finanziellen Detailpläne sowie der Statuten der zu bildenden Gesellschaft. Jetzt musste der Knoten durchschnitten werden: Die Bundesversammlung entschied sich für eine Fristverlängerung zugunsten der Gornergratbahn - weil vorläufig nur diese verfallen war - und erklärte nachdrücklich, der Hinfall der einen habe nicht notwendigerweise die Annullierung der anderen Linie zur Folge. Als die Verlängerung der Frist für die Matterhornbahn fällig wurde, lehnte das

Anfahrwiderstand der ersten Lokomotive der Gornergratbahn für zwei Drehstrommotoren.

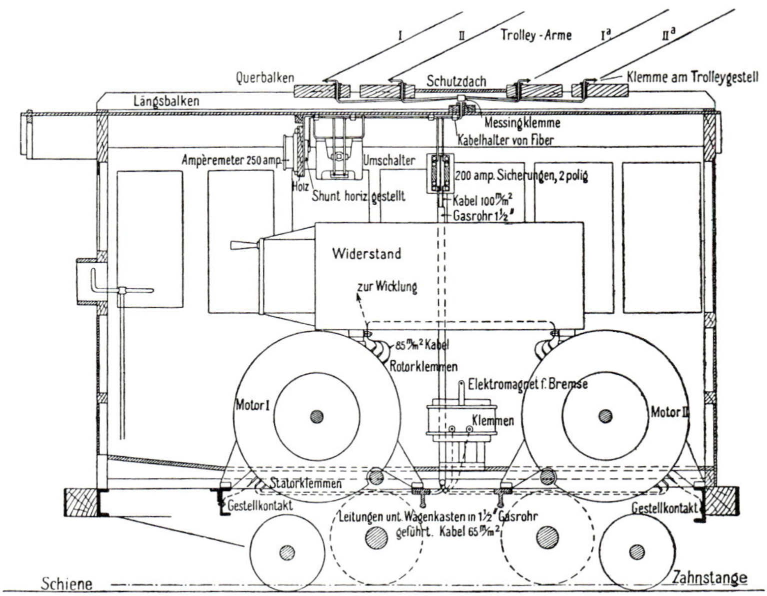
I
II
Trolley - Arme
Iᵃ
IIᵃ
Querbalken
Schutzdach
Klemme am Trolleygestell
Längsbalken
Messingklemme
Kabelhalter von Fiber
Ampèremeter 250 amp.
Umschalter
200 amp. Sicherungen, 2 polig
Holz
Shunt horiz. gestellt
Kabel 100 m/m²
Gasrohr 1½"
Widerstand
zur Wicklung
85 m/m² Kabel
Rotorklemmen
Elektromagnet f. Bremse
Motor I
Klemmen
Motor II
Statorklemmen
Gestellkontakt
Leitungen unt. Wagenkasten in 1½" Gasrohr geführt. Kabel 65 m/m²
Gestellkontakt
Schiene
Zahnstange

Parlament die Gefolgschaft ab. Seither gehört das Matterhorn wieder uneingeschränkt den Bergsteigern.
Das Ringen um die Konzession und die Finanzierung hatte der Gornergratbahn die Zeit verschafft, sich zu einer der schönsten Bahnen der Schweiz aufzuschwingen. Jetzt konnte nämlich dank der technischen Weiterentwicklung gewagt werden, den elektrischen Zahnradbetrieb durch den steilen Riffelwald bis neben die Station der Visp-Zermatt-Bahn herunterzuziehen. Die Aktiengesellschaft ist am 11. Juni 1896 gegründet worden, die Anlagekosten der Bahn betrugen 3 Millionen Franken.

Links oben: Der Rowanzug Nr. 1 der Gornergratbahn aus dem Jahr 1898. Rowan war der Erbauer der Lokomotive, die wie ein Pferd in zwei aus dem Anhängewagen hervorstossende Eisenträger eingespannt ist und damit das Gewicht des Personenwagens zur Belastung der beiden Triebzahnräder beizieht. Der Anhängewagen hat nur eine hintere Achse. Im Zug fanden 110 Personen Platz. Bei reinen Zahnradbahnen hat die Lokomotive in der Zugskomposition sowohl bei Bergfahrt wie bei Talfahrt immer auf der Talseite zu stehen. So soll verhindert werden, dass sich ein Personenwagen selbständig auf die Reise begibt.

Zeichnungen: Die Drehstrom-Lokomotiven He 2/2 der Gornergratbahn, zusammen mit jenen der Jungfraubahn gebaut, waren die ersten elektrischen Zahnradlokomotiven der Schweiz. Die beiden 40-Hertz-Asynchronmotoren à 90 PS entwickelten bei 500 Volt Betriebsspannung eine Zugkraft von 6 000 kg. Die mittlere Fahrgeschwindigkeit betrug 7,2 km/h.

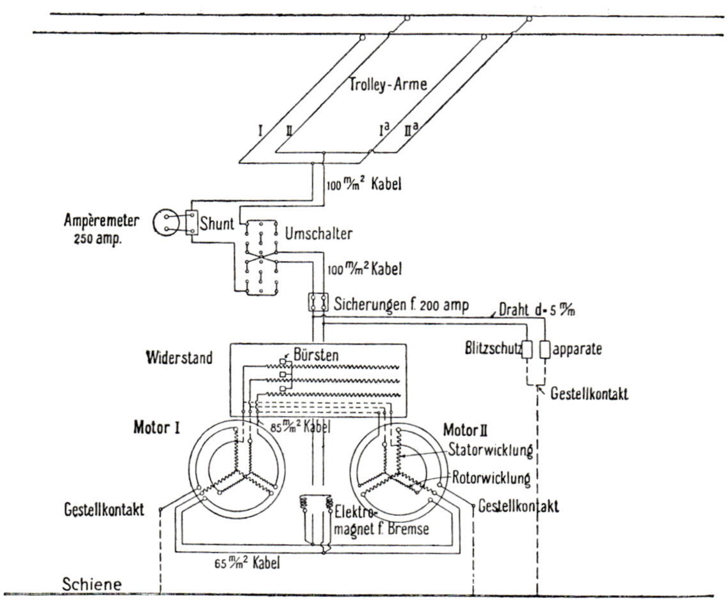

Der Dreh mit dem Strom

Ein schöneres Gelände als den Gornergrat konnte sich die Welt für den ersten Versuch mit einer drehstrombetriebenen Lokomotive nicht suchen. Der 24. November 1897 war der grosse Tag. Während in Berlin 7 000 Pferde der Stadtbahn durch die Strassen trotteten, schickte man sich in Zermatt an, einen stämmigen Motorzug vom Güterwagen der Visp-Zermatt-Bahn zu laden und auf die Schienen der ersten fertiggewordenen, zwei Kilometer langen Teilstrecke der Gornergratbahn zu stellen. Als Versuchszug stand schon die normale Komposition zur Verfügung: die Lokomotive, die mit dem Personenwagen lenk- und trennbar verbunden ist. Die seltsame Konstruktion bot gegenüber getrennten Fahrzeugen den Vorteil grösserer Betriebssicherheit. Der Motorwagen – das heisst die feste Verbindung von Triebfahrzeug und Personenabteilen – war leichter und stabiler, wies aber zugleich eine grössere Belastung des Zahnrades auf und hatte damit eine bessere Bremswirkung. Das zweiachsige Zahnradtriebgestell trug den separaten Wagenkasten der Lokomotive mit zwei Motoren, den nötigen Zahn-

Rowanzug Nr. 4, 1902. Merkmal des Drehstrombetriebes sind die zwei Fahrleitungsdrähte und die zwei zweipoligen Bügel. Die Stromrückleitung erfolgt durch die Schiene. Seitlich des Geleises hängen die drei Drähte der parallelen Speiseleitung. Auf dem 360 cm breiten Planum liegt ein 30 cm hohes Schotterbett mit beidseitigen Steinbanketten. Die Spurweite beträgt 100 cm, die maximale Neigung 20%.

radübersetzungen und den Bremsen, während der zur Aufnahme der Reisenden bestimmte Kasten mit dem bergseitigen Ende auf einem zweiachsigen Drehgestell ruhte und unten mit hervorragenden Längsträgern sich allseitig beweglich auf den Rahmen der Lokomotive stützte. Die zwei Motoren der Maschine waren als asynchrone Dreiphasen-Wechselstrommotoren à 90 PS ausgeführt.

Die Vertreter der Industrie und der Bauherrschaft sowie die eingeladenen Amtspersonen und Presseleute waren mit dem Täufling mehr als zufrieden, brachte er es doch fertig, auch bei der Maximalbelastung von 28,5 Tonnen anstandslos mit der vorgesehenen Geschwindigkeit von 7 km pro Stunde über die Steigung der Äusseren Wälder zu fahren. Das Tempo blieb sowohl auf der Horizontalen als auch auf den Steigungen konstant, ohne dass der Lokomotivführer irgend etwas an den Schaltungen zu verändern hatte. Aber gar des Lobes voll war man über die ruhige und gleichmässige Talfahrt. Bei offenen Bremsen nahm der Zug alsbald die normale Geschwindigkeit von 7 km an und überschritt sie nie! Stirnrunzeln gab es nur über die Trolleys, jene vier Kontaktrollen, mit denen der Motor mit der Fahrleitung verbunden bleibt. Sie führten beim Umstellen der Lokomotive zu zeitraubenden Ma-

Die Zentrale Findelenbach der Gornergratbahn um die Jahrhundertwende. Im Turbinenhaus standen drei Girard-Hochdruckturbinen à 250 PS und Dreiphasen-Generatoren Brown Boveri. Drei Transformatoren bei km 2, 5 und 8 setzten die primären Ströme von 5400 Volt auf 540 Volt herab. Das Wassergefälle in der Rohrleitung betrug 107 m, im Sommer wurden 15 000 und im Winter 3 500 Sekundenliter gemessen.

növern und wurden deshalb durch Kontaktschuhe ersetzt. Eine doppelte Anordnung der Stromabnehmer erwies sich aber als nötig, um beim Befahren von Weichen und Aufhängestellen Stromunterbrechungen zu vermeiden. Das Geheimnis der gleichmässigen Fahrt der Drehstrommaschine besteht ja darin, dass die Motoren auf der Talfahrt als Generatoren wirken und die überschüssige Energie in die Fahrleitung zurückleiten.
Die gleiche Zeitung, die den Berlinern ihren Rossbestand vorrechnete, ergoss sich in einer ausführlichen Beschreibung über den geschilderten Versuch am Gornergrat. Der in der Zentrale mit einer Spannung von 5400 Volt erzeugte Drehstrom, so hiess es, werde auf 540 Volt herabgesetzt der Arbeitsleitung zugeführt. Zwei Leiter in Form von 8,5 mm dickem Kupferdraht seien in der Höhe von 4 m über der Geleisemitte geführt, und die Schienen dienten als dritter Leiter. Die Vorstellung, dass auf dem Potsdamer Platz in der Stunde 244 Pferdebahnen nach allen Richtungen hin abgehen, gehört offenbar für uns Heutige ebenso ins Reich der Fabeln wie damals der Gedanke, mit einer elektrischen Bahn auf einen Berg zu fahren und ohne Schrammen und Beulen heil herunterzukommen.
In der Entwicklung der elektrischen Eisenbahn war die elektrotechnische Industrie der Schweiz führend. Nicht von ungefähr. Auf den 3 000 km Schienen, die das Land vor achtzig Jahren besass, verkehrten nichts als dampfbetriebene Züge. Das Heizmaterial musste von weither eingeführt werden. Denn mit den Kohlenvorräten der Schweiz liesse sich kaum ein Kachelofen feuern, an dem die Finger zu wärmen wären. Wasser fliesst aber von allen Bergen herunter. Die Schwierigkeit bestand nur darin, die damit gewonnene elektrische Kraft über grosse Distanzen zu verteilen. Dazu bedurfte es hoher Spannungen, weil sonst die Leiter zu dick, schwer und teuer wurden. Seit 1890 hatte die Maschinenfabrik Oerlikon mit über 100 Isolatoren eine Versuchsanlage in Betrieb, womit sie erstmals bewies, dass es möglich ist, grosse Kräfte auf weite Entfernungen zu übertragen und Transformatoren zu bauen, welche neben vollkommener Betriebssicherheit einen günstigen Nutzeffekt aufweisen. Ingenieur C.E.L. Brown, der sich seit geraumer Zeit schon mit dem Mehrphasenstrom befasste, hatte dazu die Drehstrommaschine geschaffen. Sie war den charakteristischen Eigenschaften des Übertragungssystems genau angepasst. Die Transformatoren gestatteten es ja, die Primärspannung beliebig niedrig zu halten, Drehstrom anderseits lässt sich leicht umwandeln, und die Maschine ist einfach. 1895 – Brown hatte sich inzwischen mit Walter Boveri zusammengetan – fanden zwischen Lugano und Paradiso die ersten Probefahrten ihres gemeinsam entwickelten, direkt mit Drehstrom betriebenen Tramwagens statt. Er sollte das Vorbild für die Gornergratlokomotive und damit zur ersten elektrischen Zahnradlokomotive der Schweiz bilden.

Kran und Trax ein Wunsch

Bestimmt konnte es sich der Lehrer von Zermatt nicht verkneifen, noch vor Weihnachten seinen Schülern einen Aufsatz über die Probefahrten in den Äusseren Wäldern als Aufgabe nach Hause mitzugeben. Die Gornergratbahn hatte begonnen, sich in die Herzen der Zermatter einzufahren. Leider durfte sie dem Dorf mit dem Motorwagen nicht auch das elektrische Licht bringen. Anfangs der neunziger Jahre hatte Zermatt als erstes Bergdorf im Wallis schon selbst ein Kraftwerk eingerichtet. Die meisten Buben und Mädchen dürften allerdings die Stubentische ans Fenster gerückt und den Aufsatz im Schein des von der Gasse hereinfallenden Laternenlichtes geschrieben haben, denn das elektrische Licht war für viele Familien noch unerschwinglich. Trotzdem langte die Zentrale am Triftbach natürlich nicht, um ausser den Hotels nun auch die Gornergratbahn mit Strom zu versorgen. Diese hatte vielmehr ein eigenes Kraftwerk zu bauen.

Linienführung und Kunstbauten der Gornergratbahn

Heutige Betriebslänge	9339 m, davon 3757 m doppelspurig
Stationen und Haltestellen	6
Maximalneigung von 20%	auf 5200 m Länge, d.h. auf 56% der Betriebslänge
Kurven	auf 3089 m Länge, d.h. auf 32% der Betriebslänge
Tunnel und Galerien	5, mit Gesamtlänge von 1320 m, davon Kehrtunnel 174 m, Lawinengalerie Riffelbord 720 m lang
Brücken und Viadukte	5, mit Gesamtlänge von 127 m, davon Vispabrücke 24 m lang, Findelenbachbrücke 90 m lang und 50 m hoch
Weichen	30

Vor dem ersten Spatenstich, würde man meinen, sei die Gesellschaft der Gornergratbahn gegründet worden. Nein, da hatte das zupackende Zermatt wohl schon abgefärbt: Die Arbeiter rückten Mitte Mai 1896 aus, und die Gesellschaft statuierte sich am 11. Juni, nachdem das Aktienkapital von 2 Millionen Franken (4 000 Inhaberaktien à 500 Fr.) und die Obligationenanleihe von 1,5 Millionen Franken (1 500 Obligationen à 1 000 Fr.) gezeichnet worden waren. Eine Gruppe von Banken in Zürich, Basel und Bern sorgte für die öffentliche Subskription und verpflichtete sich, den von Dritten nicht gezeichneten Teil selbst zu übernehmen. Projektverfassung, Bau und Betrieb

Zermatt zur Bauzeit der Gornergratbahn, 1897. Die Arbeitslokomotive auf der Vispabrücke befördert Material über die fertigerstellte Strecke zu den höher gelegenen Baustellen. Noch fehlt die elektrische Fahrleitung. Im Vordergrund des Dorfes die Hinterdorfgasse, darumherum die drei grossen Hotels Zermatterhof, Monte Rosa und Mont Cervin. Zermatt hat schon über 800 Hotelbetten und 15 000 Kurgäste pro Sommer. →

lag bei den wenigsten Bahnen in der gleichen Hand. Meistens wurde zur leichteren Finanzierung die Anlage à fortfait gebaut und nach ihrer Vollendung von der Bahngesellschaft übernommen. Das traf auch bei der Gornergratbahn zu. Die Baufirma Haag & Greulich in Biel verpflichtete sich dem Bankenkonsortium und der zu bildenden Gesellschaft gegenüber, die Bahn zu festgesetzten Bedingungen zu bauen. Gleichzeitig hatten die Konzessionäre der Bahngesellschaft ihre Rechte abzutreten. Das Pflichtenheft von Haag & Greulich verlangte gegen eine Pauschalsumme von drei Millionen Franken die definitive Projektierung und den Bau der Bahn, einschliesslich Kraftwerk und elektrische Anlagen, Erwerb des Landes und der Wassernutzrechte sowie Einkauf des Rollmaterials und des Mobiliars. Am 1. Juli 1898 sollte die Bahn vollständig ausgerüstet und betriebsbereit sein. Jeder Tag Verspätung war mit einer Busse von 2'000 Franken belastet. Wenn Herr Greulich, der Projekt und Bau nun leiten sollte, nach der Vertragsunterzeichnung noch schlafen konnte, so ist dies wohl seiner sicheren technischen Erfahrung im Bahnbau zuzuschreiben. Er besass eine brillante geistige Beweglichkeit, die ihn Lösungen finden liess, wo das Lehrbuch versagte. Am 20. August 1898 konnte die Gornergratbahn feierlich den Betrieb aufnehmen. An Überraschungen in der Bauzeit hat es nicht gefehlt. Da waren der ausser-

Eine Zahnrad-Tenderlokomotive System Abt II/3, ursprünglich für Aix-les-Bains bestimmt, versah bei der Gornergratbahn den Dienst als Hilfsmaschine. Sie wurde 1920 nach Montserrat in Spanien verkauft. Ihr Langkessel ist schräg montiert, damit auf der stark geneigten Bergstrecke der Wasserspiegel stets über den Siederohren liegt.

gewöhnlich nasse erste Sommer, das unverhoffte nächtliche Sprengverbot des Kantons und verfrühter Schneefall. Für die Fertigstellung der Findelenbachbrücke musste eine Notlösung gefunden werden, weil die Zeit nicht mehr reichte, die Rundbogen zu mauern. Es gab ferner überaus harte Felspartien, wo für ein Loch von 35 cm Tiefe 30 Bohrer nötig waren. Und die Bergkrankheit lauerte auf Opfer. Bei mehrwöchigem Aufenthalt der Arbeiter auf 2700 m über Meer erreichte die Leistungsfähigkeit ihre Normalgrenze, bei 3000 m hörte sie ganz auf. Um während des Winters 1896/97 die Tunnel alle durchschlagen und die unteren vollenden zu können, mussten 150 Männer in Baracken auf der Riffelalp untergebracht werden. Das ging gut. Im Sommer darauf verschob man die Unterkünfte auf den Rotenboden. Jetzt trat die Bergkrankheit nach Einbruch der kühlen Witterung mit influenzaartigen Symptomen auf, und der Bahnarzt musste den Rückzug der ganzen Mannschaft anordnen.
An den Detailvermessungen und der Feinplanung nahm Xaver Imfeld nicht mehr teil. Bei der Arbeit an seiner berühmt gewordenen Mont-Blanc-Karte 1 : 50 000 hatte er sich ebenfalls gesundheitlich übernommen. Er sah sich ausserstande, das Nivellement für die Gornergratbahn, wie er dies gewünscht hätte, selbst zu machen. Am 30. Januar 1894, nachdem er das Projekt mit

In den von Lawinen und Schneedruck gefährdeten Hängen musste die Fahrleitung jeweils im Herbst abgenommen und im Frühjahr wieder aufgebaut werden. Als Montagebühne diente ein Holzsockel, den die Dampflokomotive auf einem Güterwagen vor sich her stiess. Die Eröffnung im Frühjahr war immer ein Wettrennen mit dem Kalender.

ansteckender Begeisterung durch alle Verhandlungsphasen durchgerissen hatte, trat er seinen Konzessionsanteil an August Haag ab. Dieser war Architekt und lebte wie die Familie Heer am Jurafuss. Es war naheliegend, dass man sich an Haag gewandt hatte, denn er war mit dem verstorbenen Heer zusammen schon bei mehreren Bahnen im Berner Oberland dabei. August Haag hatte auch dort mit einem Partner zusammen à forfait gebaut. Für die Gornergratbahn verband er sich mit dem genialen und über die Grenzen hinaus bekannten Bahningenieur Karl Greulich aus Luzern.
Am schwierigsten war die Überwindung der Rampe zwischen Zermatt und Riffelalp zu lösen. Neben zwei grossen Brücken war hier eine Reihe von Tunneln und Stützmauern erforderlich. Der ursprünglich vorgesehene gemischte Betrieb mit Adhäsion, Standseil und Zahnrad wurde zugunsten einer durchgehenden elektrischen Zahnradbahn fallen gelassen. Das Eidgenössi-

Mit dem Bau der Findelenbachbrücke bei km 1.9 und in einer Steigung von 12,4% wurde 1896 begonnen. Im ersten Sommer waren erst die Fundamente gelegt und der untere Pfeiler auf 15 m Höhe aufgemauert. Aus Zeitnot musste im dritten Sommer auf die geplanten steinernen Rundbogen verzichtet und ein eisernes Fachwerk auf die Pfeiler gespannt werden.

sche Eisenbahndepartement hatte die neuen Pläne am 1. April 1896 genehmigt. Gerechterweise muss nun auch gesagt sein, weshalb Leonhard Heer seinen Passagieren das wiederholte umständliche Umsteigen zumuten wollte: weil ihm ja die Industrie noch keine starke elektrische Zahnradlokomotive und keine sichere Überlandleitung versprechen konnte! Der Buchdrucker musste aber im Buch der technischen Entwicklung besser zwischen den Zeilen zu lesen gewusst haben als viele seiner Zeitgenossen. Er hielt unbeirrt an der elektrischen Traktion fest und nahm im Steilhang die elektrisch betriebene Drahtseilbahn mit einfacherer Konstruktion in Kauf.

Zur Zahnradbahn gehört bekanntlich zweierlei: Rollmaterial und die ihr angepasste Fahrstrecke. Beides aufeinander abzustimmen und dabei die Kombination herauszufinden, welche neben der grössten Sicherheit der Züge die billigste Bau- und Betriebsweise gestattet, ist wohl die wichtigste Aufgabe der Ingenieure. Die Betriebsökonomie fordert eine möglichst schwache Neigung, da die Betriebskosten mit zunehmender Steigung unverhältnismässig stark anwachsen. Anstatt alle Personen in einen Zug zu packen, müsste auf einer steilen Strecke zweimal gefahren werden. Die Linie der Gornergratbahn ist sehr gleichmässig angelegt, und die Höchstneigung von nicht mehr als 20% (bei einer mittleren Neigung von 16%) liess von allem Anfang an grosse Fahrzeuge zu. Die Wunschliste der Zahnradbahn ist aber noch länger: Wegen der besonderen Konstruktion der Sicherheitsbremsen müssen Gegen-

Haltestelle Findelenbach. Das Geleise rechts zweigt ab zum Güterumschlagplatz für die Belieferung der Grande Dixence-Pumpwerke in Zmutt sowie von Baustellen und Restaurants.

gefälle vermieden werden, steile Rampen sollen in Geraden liegen, und hohe Dämme sind unerwünscht, weil beim Setzen des Erdreichs in der Zahnführung Unregelmässigkeiten auftreten könnten.
Das Kraftwerk bei der Brücke am Findelenbach war ganz auf die Bedürfnisse der Bahn zugeschnitten. Bei einem Zugsgewicht von 28 Tonnen, einer Steigung von 20% und einer Fahrgeschwindigkeit von 2 m pro Sekunde waren 160 PS erforderlich. Rechnete man den unvermeidlichen Übertragungsverlust hinzu, kam man pro Zug zu 110 Personen in der Zentrale auf eine Leistung von 255 PS. Es ergibt sich daraus, dass mit den drei installierten Maschineneinheiten zu je 250 PS gleichzeitig zwei vollbesetzte Züge bergwärts und ein Zug talwärts geführt werden konnten und immer noch eine Einheit als Reserve verblieb. Anlässlich der Elektrifikation der Visp-Zermatt-Bahn wurde eine Parallele zwischen der Zentrale Findelenbach und dem Netz der Schweizerischen Bundesbahnen hergestellt und gleichzeitig die Stromerzeugung für

Fahrzeiten der Gornergratbahn und der Züge Visp - Zermatt

in Minuten		Dampf-lokomotiven früher	Elektrische Lokomotiven früher	Triebwagen heute
Zermatt - Gornergrat	Bergfahrt		80	40
	Talfahrt		80	40
Visp - Zermatt	Bergfahrt	153	89	65
	Talfahrt	138	93	68

die Gornergratbahn auf 50-Hertz-Betrieb umgebaut. Heute wird das Wasser des Findelenbaches grösstenteils schon am Gletschertor gefasst und in das Staubecken der Grande Dixence geleitet. Die Gornergratbahn, die ohnehin mit der eigenen Zentrale nicht mehr auskäme, ist auf Fremdstrom angewiesen.
Jeder der beiden Stromabnehmer bezieht zwei Stromphasen aus der Fahrleitung. Die dritte Phase ist dauernd über Erdbürsten an die Schienen angeschlossen. Die Fahrdrahtspannung soll zwischen 650 und 800 Volt liegen. Für die Einspeisung des Netzes sorgen die Transformatorstationen in der Zentrale Findelenbach, in den Endstationen und auf der Strecke. Parallel zur Fahrleitung läuft eine weitere Speiseleitung, die, auf drei zählend, den Masten entlanghüpft. Beim ersten Mast liefert sie die erste Phase an die Fahrleitung ab, beim zweiten Mast die zweite Phase, und beim dritten Mast bückt sie sich und schiebt die dritte Phase in die Schiene (Stromrückleitung.)
Die Hochspannungsleitungen der Gornergratbahn und jene der Gemeinde Zermatt für das Hotel Gornergrat-Kulm sind auf Rotenboden zusammengeschlossen, so dass man sich bei Störungen gegenseitig aushelfen kann.

Schneeschleudern

Selbst im August und im Schatten einer kühl fächernden Lärche führt der Gedanke an eine Schussfahrt über weiche, im schrägen Sonnenlicht kristallglitzernde Hänge zur Raserei. Skifahren ist eine Leidenschaft: Schon schliessen sich die Füsse, die Fäuste fassen die Stöcke, die Hüfte wiegt im Rhythmus der Schwünge, die Augen leuchten. Es stiebt von den Brettern - schneller, schneller . . .

Was soll's? Auch die Gornergratbahn verliert den Atem nicht. Da drehen die Schleudern ihre mächtigen Schaufeln, werfen den Schnee gezielt über die Fahrspur hinaus. Kräftig greifen die Hörner in die kompakte Masse, hacken, schneiden, zerfetzen, was im Weg liegt. Schneller, schneller! Sind 370 Umdrehungen in der Minute nicht genug? Zwei mächtige elektrische Schneeschleudern öffnen den unermüdlich zirkulierenden Triebwagen auch nach ärgstem Schneefall und Toben der Natur in kurzer Zeit die ganze Linie. Der kleine Schneepflug putzt nach und holt Eis- und Schneeresten von der Zahnstange weg. Die Gornergratbahn ist für den Sommer gebaut worden und hat den Hochbetrieb im Winter. Nochmals mussten Millionen von Franken in das Unternehmen gepumpt werden, um das Fahrgeleise zu sichern. Diesmal beteiligte sich die öffentliche Hand, denn die Bahn hatte ihre Bedeutung für die Entwicklung der Region bewiesen. Der grosse Feind des winterlichen Verkehrs in den Bergen sind die Lawinen. Nicht von ungefähr figuriert auf

dem Fernsteuerpult der Brig-Visp-Zermatt-Bahn ein Lämpchen, das Lawinendeckung meldet. Noch in den zwanziger Jahren sorgte nur der vom Maultier gezogene Postschlitten für die Verbindung mit Zermatt. Von November bis Mai war die Bahn zwischen St. Niklaus und Zermatt eingestellt. Erst nach gewaltigen Verbauungen konnte sie 1933 den Ganzjahresbetrieb aufnehmen. Zur gleichen Zeit setzte auch die Gornergratbahn ihren Schneepflug in Bewegung, um die Strecke bis Riffelalp zu öffnen. Später wagte sie sich bis Riffelboden vor, und kurz nach dem Zweiten Weltkrieg und der Fertigstellung der Lawinenschutzgalerie am Riffelbord kam der grosse Durchbruch des Skisportes am Gornergrat. Das lange Band der Galerie grüsst bis nach Randa hinunter. Im Verborgenen aber ducken sich einige hundert Meter Schutzzäune und Rückhaltewände systematisch gestaffelt in die bis zu 40 Grad steile Flanke unter und über der Riffelalp, um Schneeverwehungen und Rutschen zu wehren. Die Verbauungen gingen einher mit der Aufforstung grosser Hangflächen. Ein gesunder Wald und die andauernde Überwachung der möglichen Lawinenzüge während der kritischen Zeit zählen immer noch zum besten Schutz vor Schaden, auch wenn man mittels künstlicher Sprengungen dem überraschenden Niedergang einer Lawine zuvorkommen kann.

Links: Mit einer Motorleistung von 2 x 180 PS fegt die Schneeschleuder Xrot e Nr. 3932, Baujahr 1969, das Geleise der Gornergratbahn sauber. Kasten und Schleudervorrichtung sind auf dem Fahrgestell um 360 Grad drehbar. Das Fahrzeug ist nicht selbstfahrend, sondern bedarf einer Stosslokomotive. Ein weiteres Schleuderaggregat besitzt fünf Vorschneidepropeller.

Rechts: Aufforstung hinter schützenden Holzrechen.

Triebwagen auf Doppelspur

Wenn wir einen von der Sonne braun überbackenen Rowanzug mit doppelkränzigen Triebzahnrädern und paarigen Stromabnehmern auf das Geleise setzen und dabei den modernen Massentourismus ins Auge fassen, dann nimmt das Gefährt ohne viel Dazutun die Gestalt des orangefarbenen, dreissig Meter langen Doppeltriebwagens der Gornergratbahn an. Der Triebwagen ist die konsequente Weiterentwicklung des Rowanzuges. Um noch weniger totes Gewicht mitschleppen zu müssen als dieser, das heisst, um die Fahrgeschwindigkeit erhöhen zu können, wurden beim Triebwagen Lokomotive und Personenwagen kurzerhand unter einem Dach vereint. Und der Doppeltriebwagen setzt sich aus zwei einfachen Triebwagen zusammen, bloss dass er pro Hälfte nur einen Führerstand und einen Stromabnehmer besitzt. Er hat deshalb ein entsprechend grösseres Platzangebot. Ein Rowanzug mit Anhängewagen transportierte 110 Personen mit einer Fahrgeschwindigkeit von 7,2 km/h. Der einfache Triebwagen befördert ebenfalls 110 Passagiere, jetzt aber mit 14,5 km/h. Im Doppeltriebwagen finden 230 Personen Platz. Der

Heutiger Stand des Rollmaterials der Gornergratbahn

Doppeltriebwagen	4	Bhe 4/8 Nr. 3041-3044
Einfache Triebwagen	12	Bhe 2/4 Nr. 3011-3022
Triebwagen-Kompos.	2	Bhe 4/4 Nr. 3061-3062 mit Steuerwagen Bt 3071-3072
Lokomotiven	3	He 2/2 Nr. 3001-3003
Personenwagen	keine	
Güterwagen	4	davon 1 Wasserwagen
Dienstwagen	3	davon 2 Schneeschleudern und 1 Montagewagen

Rechts oben: Triebwagen-Komposition Bhe 4/4 + Bt, Baujahr 1981. Sie besteht aus dem talwärts blickenden Triebwagen sowie dem bergseitig vorgestellten Steuerwagen und befördert 240 Personen. Das Triebfahrzeug besitzt die gleiche Kraft, 520 PS, wie die doppelten Triebwagen Jahrgang 1965-1974. Die Kühlluft für den Anfahr- und Bremswiderstand wird jetzt aber über Düsengitter in der Seitenwand angesaugt und durch den Dachdeckel ausgeblasen. Im selben Kühlluftstrom befinden sich der Erregergleichrichter sowie die beiden Widerstände für Batterieladung und Vorerregung. Die Kühlluft für die Fahrmotoren wird durch Filtermatten im Dachaufbau angesaugt und zu den unter dem Boden aufgehängten Ventilatoren geführt. – Auf dem Mast links die Hochspannungsleitungen 6400 Volt für Riffelboden und 20 000 Volt für Rotenboden. Über dem Zug die zwei Fahrleitungsdrähte, zwischen der Doppelspur die Masten mit zwei Parallelleitungen und einem Erdleiter.
Rechts unten: Der Steuerwagen lässt sich mit den beiden Faltenbälgen abkuppeln, so dass das Triebfahrzeug Bhe 4/4 allein für den Güter- und Schleuderdienst eingesetzt werden kann. Zweck der Disposition war es, die aus der Gründungszeit der Gornergratbahn stammenden elektrischen Lokomotiven allmählich abzulösen. Die Güterwagen der Brig-Visp-Zermatt-Bahn lassen sich übrigens auf das Geleise der Gornergratbahn umstellen.

nächste Schritt wäre ein Zusammenkuppeln von zwei Doppeltriebwagen. (Bilder Seiten 66, 85 und 89, Tabelle Seite 87).

Ob man will oder nicht, in den Bergen ist die Zahnradbahn das rationellste und modernste Verkehrsmittel, das es gibt. Kein anderes ist in der Lage, kurzfristig nacheinander Pakete von über 200 Touristen in die Höhe zu befördern. Dazu ist die Zahnradbahn betriebssicher, sie versperrt mit ihren Wagen nicht unnötig Platz, sie macht keinen Lärm und hält erst noch die Luft sauber. Einig müssen wir uns auch darin sein, dass die Zahnradbahn trotz ihres ehrwürdigen Alters von der Industrie nicht an den Rand geschoben wurde. Dem ist wirklich nicht so. Sie verfügt über neuzeitliche Einrichtungen, um den Bedürfnissen der Bergbahnen jederzeit gerecht werden zu können. Selbst für die Herstellung von Zahnstangen gibt es hochmoderne Automaten. Weichen werden mit elektrischem Antrieb geliefert, die Zugskompositionen mit Fernsteuerung und letztem Komfort für Sicherheit und rationellen Betrieb.

Es ist nicht anzunehmen, dass Sie nach dieser Lobrede unverzüglich den Beruf an den Nagel hängen und Lokomotivführer werden wollen - die Gornergratbahn hätte zwar sicher Grund, sich zu freuen. Trotzdem kann es nichts schaden, etwas über die Funktionsweise einer Zahnradbahn zu vernehmen. Auch der Passagier muss schliesslich wissen, wie es sich mit jenem roten Knopf verhält, den auch er - wenn es sich mit Recht und Gewissen vereinbaren lässt - bedienen darf.

Bevor wir bremsen, müssen wir fahren. Zahnrad und Zahnstange sind die Mittel, mit deren Hilfe sich der Triebwagen auf der schiefen Ebene vorwärtsbewegt. Die Gornergratbahn basiert auf dem System der zweilamelligen Zahnstange von Roman Abt, die eine Weiterentwicklung der bekannten Leiterzahnstange von Nikolaus Riggenbach darstellt. Abt überlegte, dass zwei Zahnleitern besser wären als eine und die Sicherheit des Zuges um so grösser sein müsse, je rascher sich die Eingriffe des auf der Zahnstange abrollenden Rades folgten. Um die Abstände zu verkürzen, rückte er zwei Zahnlamellen so nebeneinander, dass jeweils neben eine Zahnlücke ein Zahndorn zu liegen kam. Dem Triebfahrzeug gab er entsprechende Zahnräder mit zwei Zahnscheiben, die ebenfalls um eine halbe Zahnteilung versetzt zusammengeschoben wurden. Indem man zwei Doppelzahnräder auf zwei Achsen hintereinander plazierte und von Achse zu Achse den Zahneingriff nochmals um einen Sekundenbruchteil versetzte, konnte die kritische Phase des Zahnwechsels im Ganzen um einen Viertel verkürzt werden. Für die Konstruktion des Zahnrades und die Festigkeit der Zähne ergaben sich die idealen Masse bei einem Durchmesser von 573 mm. Die einzelnen Zahnkränze sind auf der Triebachse nicht festgekeilt, sondern von Federn gehalten. Dadurch wird eine Ungleichheit in der Zahnstange aufgefangen und

Zwischen der Station Riffelberg und dem letzten Steilhang ist die Gornergratbahn zweispurig. Die Züge verkehren in kurzen Abständen; hier kreuzen zwei der zwölf zweimotorigen Vierachs-triebwagen Bhe 2/4, Baujahr 1947–1960. Heutige Fahrdrahtspannung 725 Volt.

das Getriebe geschont. Der Wagen erhält einen ruhigen Lauf. Gut ein halbes Hundert Zahnradbahnen in der ganzen Welt, von Damaskus bis Venezuela, beruhen auf dem Zahnstangensystem von Roman Abt. Von der italienischen Regierung ist er 1895 wegen seiner Verdienste im Bau von Zahnradbahnen mit den Insignien eines «Ritters der Krone von Italien» ausgezeichnet worden! (Vgl. Seiten 60 und 61).
Die Zugkraft der Motoren wird einzig durch die Zahnräder – über Kardanwelle und Kardangelenke – auf die Zahnstange übertragen. Die Laufräder drehen sich bei den Triebfahrzeugen der reinen Zahnradbahn, wie die Gornergratbahn eine ist, nur frei mit und sitzen lose auf den Triebachsen. Der Doppeltriebwagen besitzt insgesamt acht Achsen, die in vier Doppeldrehgestellen untergebracht sind. Jede Wagenhälfte hat ihre eigene Traktionsapparatur, die von der anderen getrennt ist, aber gemeinsam gesteuert wird.

Der Wagen ist somit nur als Ganzes betriebsfähig. Er darf auch nur als Alleinfahrer benützt werden, und die talseitige Wagenhälfte muss immer in Richtung Zermatt stehen. Jedes der Drehgestelle besitzt einen eigenen Fahrmotor mit angebautem Bremserreger und zugehörigem Triebzahnrad. Dieses sitzt immer auf der talseitigen Achse, weil dadurch die Zähne tiefer in die Zahnstange gedrückt werden.

Zahnrad und Zahnstange sind höher gelagert als Laufrad und Schiene. Das bewirkt, dass einerseits das Zahnrad im Schotter nicht verletzt wird und anderseits die Zahnstange in den Weichen über die Schienen hinweggeführt werden kann. Die Oberkante der Zahnstange ragt 50 mm über jene der Schienen hinaus. Da der Durchmesser des Zahnrades und die Tiefe des Zahneingriffs ebenfalls eine optimale Grösse haben, folgt daraus, dass auch die den Zug tragenden Laufräder einen ganz bestimmten Durchmesser haben müs-

* 1930 Umbau der bestehenden vier Lokomotiven von 40- auf 50-Hertz-Betrieb, Erhöhung der Fahrgeschwindigkeit auf 8,5 km/h, d.h. Verkürzung der Fahrzeit von 80 auf 66 Minuten. 1939 Umbau von Nr. 3 für Materialtransporte, 1966 von Nr. 1 und 2. 1963 Abbruch von Nr. 5 und 1966 von Nr. 4.
Abkürzungen Seite 48

Unten: Das talseitige Triebdrehgestell eines Triebwagens. Rechts oben der Drehstrom-Asynchronmotor, auf der Motorwelle die Bremstrommel der Getriebebremse. Im Feld links die Kardanwelle und das Kegelradgetriebe. In der Achsmitte das Triebzahnrad, vorne die Klinken-Bandbremse, hinten das Getriebegehäuse mit den Untersetzungsrädern.

Die Triebfahrzeuge der Gornergratbahn (ursprünglicher Zustand)

Rowanzüge *	Elektr. Lok.	Elektr. Lok.	Elektr. Lok.
Betriebsnummer	1-3	4	5
Betriebsnummer seit 1964	3001-3003	3004	
Baujahr	1898	1902	1930
Bauart und Serie	He 2/2	He 2/2	He 2/2
Triebmotoren	2	2	2
Triebzahnräder	2	2	2
Stundenleistung PS	180	180	250
Länge über Puffer m	4,13	4,13	4,13
Gewicht t	10,5	11,5	12,7
Erbauer des mech. Teils	SLM	SLM	SLM
Erbauer des elektr. Teils	BBC	BBC	BBC
Berg- und Talfahrt km/h	7,2	7,2	8,5
Vollgewicht des Zuges t	28	29	33
Sitzplätze pro Zug	110	103-110	110
Abbildung des Typs Seite	66, 67, 119	68	

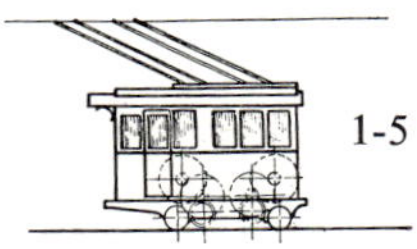
1-5

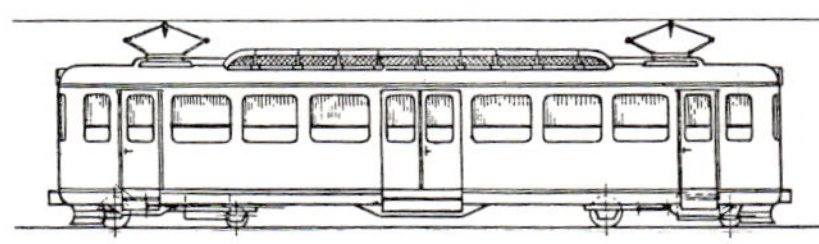
3011-3022

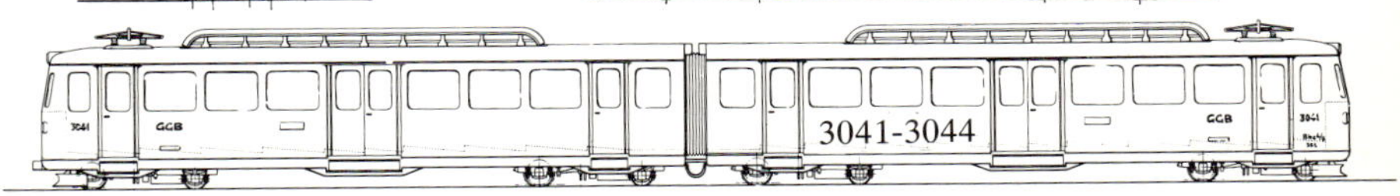

Triebwagen	Einfache	Doppelte	Kompositionen
Betriebsnummer	101-112 bzw. 3011-3022	3041-3042 3043-3044	3061-3062
Baujahr	1947-1960	1965 1974	1981
Bauart und Serie	Bhe 2/4	Bhe 4/8	Bhe 4/4 + Bt
Triebmotoren	2	4	4
Triebzahnräder	2	4	4
Stundenleistung PS	260 (190 kW))	520 (380 kW)	520 (380 kW)
Länge über Puffer m	15,1	30,5	29,97
Gewicht t	17,5	35,3	37,4
Erbauer mech. Teil	SLM	SLM	SLM
Erbauer elektr. Teil	BBC	BBC	BBC
Berg- u. Talfahrt km/h	14,5	14,5	14,5
Vollgewicht des Zuges t	25,6	53,3	55,4
Platzangebot Personen	110 (Sitzpl. 56)	230 (Sitzpl. 120)	240 (Sitzpl. 88)
Abb. des Typs Seite	85	10, 89	83

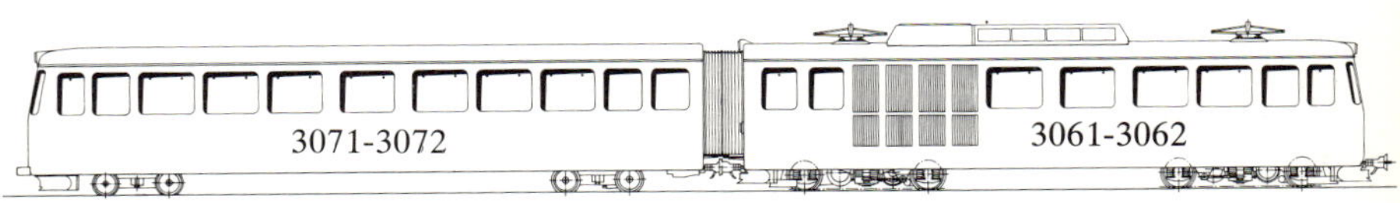

sen. In der Tat greifen die Masse von Zahnrad, Zahnstange, Laufrad und Schienen ineinander wie die verschlungenen Formen eines Puzzlespiels. Wird ein Teil durch die Abnützung verändert, so dass man durch das Puzzle hindurchblicken kann, müssen die Räder ausgewechselt, neue Zahnkränze eingebaut, die Zahnstangen ausgewechselt oder die Schienen anders gelagert werden. Die Toleranzgrenzen bei den einzelnen Teilen sind genau festgelegt.
Mit jedem Antrieb des Triebwagens sind zwei mechanische Bremsen zusammengebaut. Die technischen Vorschriften der Schweiz verlangen vom reinen Zahnradtriebfahrzeug ausser einer Fahrbremse zwei voneinander unabhängige Zahnradsicherheitsbremsen, von denen eine bei Überschreiten der zulässigen Geschwindigkeit automatisch einfallen soll. Diese Sicherheitsbremsen sind hier als Bandbremsen ausgebildet, wobei eine direkt auf der Achswelle des Triebzahnrades zupackt und die andere auf der Motorwelle. Jede ist für sich allein imstande, den vollen Zug auf dem Maximalgefälle anzuhalten. Die grössere Bremstrommel neben dem Triebzahnrad enthält eine Klinken-Sperrvorrichtung, welche etwa dem Pflock entspricht, den Sie einem Rad unterlegen würden, damit es nicht zurückläuft.
Die Innenseite der Bremstrommel weist einen Kranz massiver Rasten auf, in die Sperrklinken eingreifen können. Der Klinkenträger ist mit der Zahnradnabe verschraubt. Vor der Bergfahrt werden nun die Bänder der Klinkenbremse angezogen, wodurch die Bremsscheiben am Zahnrad festgehalten werden. Das Zahnrad kann sich so mit dem Klinkenkranz im bergseitigen Sinn drehen, das heisst, die Klinken gleiten über die Rasten der Trommel hinweg. Beginnt das Fahrzeug aber aus irgendeinem Grunde rückwärts zu rollen, fällt eine der Klinken in die nächste Raste ein. Sie blockiert das Zahnrad und hält den Zug an. Dies ist die Rücklaufbremse für die Bergfahrt. Sie wird bei den Doppeltriebwagen automatisch angezogen, sobald der Wagenführer den Fahrrichtungsschalter für die Bergfahrt einstellt. Ein grün leuchtendes Lämpchen meldet während der Fahrt, dass die Bremsen in Ordnung sind.
Auf der Talfahrt wird die Klinkenbremse gelöst. Sie wirkt dann, wie auch die Getriebebremse, als normale Bremse zum Stillsetzen des Wagens. Für die normale Betätigung der mechanischen Bremsen besitzt der Doppeltriebwagen eine elektrohydraulische Apparatur. Mit einem Hebelchen wird der Druck gesteuert. Der einfache Triebwagen hat dafür Spindeln, die bis zur Stillsetzung des Wagens bei der Klinkenbremse rund fünf Umdrehungen und bei der Getriebebremse deren drei benötigen. Damit wird verständlich, warum die Getriebebremse als Notbremse bei übersetzter Geschwindigkeit eingerichtet wurde: sie erfordert weniger Kraft.
In jeder Hälfte des Doppeltriebwagens treibt die Laufachse des bergseitigen Drehgestells einen Zentrifugalschalter an, der die Geschwindigkeit über-

Ein Doppeltriebwagen Bhe 4/8, Baujahr 1965, in der Station Riffelberg. Das Fahrzeug bildet praktisch eine Verdoppelung des einfachen Triebwagens, nur dass jede Hälfte lediglich einen Führerstand und einen Pantographen besitzt. Ladekapazität 18 Tonnen.

wacht. Sobald die höchstzulässige Fahrgeschwindigkeit von 15,2 km/h um 10% überschritten wird, leitet er die Bremsung ein. Die Kraft dazu wird in kindsgrossen, gespannten Federn gespeichert. Jedes Drehgestell besitzt seine eigene Feder. Sie ist durch ein Gestänge mit dem Bremsband der Getriebebremse verbunden und mit einer Sperrung im Spannzustand gehalten. Wenn der Zentrifugalschalter eine zu hohe Geschwindigkeit feststellt, wirkt er über einen Magneten auf den Sperrhebel der Feder ein, dieser lässt los, die Feder entspannt sich und zieht dadurch das Bremsband an. Gleichzeitig wird der Fahrstrom abgeschaltet. Der gleiche Vorgang ergibt sich bei manueller Betätigung der Nothalt-Vorrichtung. Das Totmannpedal, das heisst die Sicherheitseinrichtung bei Einmannbetrieb, ist über Relais mit der Klinkenbremse verbunden, so dass als zweiter Schutz noch die Getriebe-Notbremse zur Verfügung steht.

Der Wagenführer muss seinem Chef in die Hand versprechen, die beiden mechanischen Bremsen auf der Talfahrt niemals als Dauerbremsen zu benützen. Dazu hat er nämlich die elektrischen Bremsen. Nach Möglichkeit soll er mit der Nutzbremse (Rekuperationsbremse) fahren, und nur für ganz kurze Zeit oder wenn der Strom ausgefallen ist, mit der Widerstandsbremse. Die Gornergratbahn hat ja die seltene Tugend, von Haus aus immer schön brav in der vorgeschriebenen Geschwindigkeit zu fahren (vgl. Seite 69). Das ist das Werk der asynchronen Dreiphasen-Wechselstrommotoren, die den Drehzahlunterschied zwischen Anker und Drehfeld immer auszugleichen suchen. Solange die Frequenz des Stromnetzes konstant bleibt, halten die Motoren genau im Gleichtakt mit. Sie reiten förmlich auf dem Rücken der Frequenz. Das Pferd aber wird im Elektrizitätswerk gezügelt. Mit feinsten Reglern wird hier die Konstanthaltung der Frequenz überwacht. Auf der Talfahrt arbeiten die Motoren in der analogen Schaltung wie auf der Bergfahrt als Asynchrongeneratoren. Beim Überschreiten der Leerlaufdrehzahl von 1500 Umdrehungen pro Minute, d.h. bei rund 14,7 km/h liefern sie die Bremsenergie als Drehstrom in die Fahrleitung zurück. Jetzt ist der Chef zufrieden, und der Direktor lacht: zwei vom Berg herunterfahrende Züge erzeugen nämlich praktisch den Strom für einen bergwärts fahrenden Zug!

Ein Teil der elektrischen Anlage der Doppeltriebwagen ist in der Stirnwand der Bergseite untergebracht. Die übrigen zur elektrohydraulischen Steuerungseinrichtung gehörenden Teile befinden sich in der Mitte des Wagens und in der Stirnwand der Talseite.

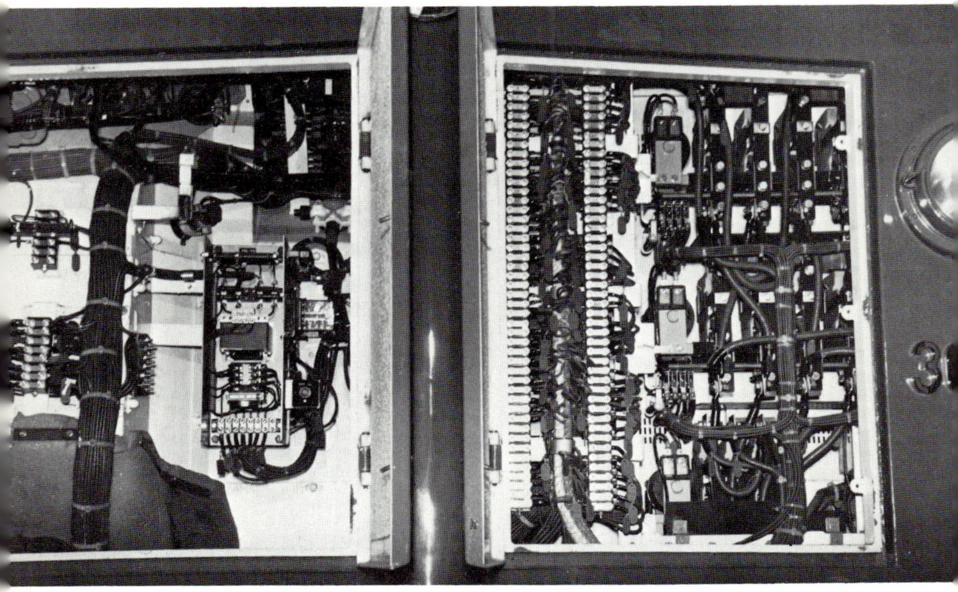

Die Motoren sind zur Einschaltung eines Widerstandes im Ankerstromkreis eingerichtet und dadurch befähigt, auch bei grösserer Belastung als der normalen anzulaufen. Die Anlaufwiderstände auf dem Dach dienen zugleich als Bremswiderstände. Die Rotoren, das heisst die umlaufenden Teile der Motoren, sind ständig an die Anfahr- und Bremswiderstände angeschlossen. Sie werden durch das Nockenschaltwerk in 13 Stufen unsymmetrisch kurzgeschlossen. Das Schaltorgan ist beim Doppeltriebwagen elektroservomotorisch angetrieben. Jede Hälfte des Triebwagens besitzt ihre eigene Anlage, sie kann aber nur gemeinsam mit der anderen Hälfte gesteuert werden. Die Betätigung der Schaltelemente erfolgt in zwangsläufig richtiger Reihenfolge über die Nockenwelle. Bei der Fahrt mit der netzunabhängigen Widerstandsbremse werden die Wicklungen des festen Motorteiles, die Statorwicklungen, mit einem elektromagnetischen Schaltgerät in Serie geschaltet und an die parallel arbeitenden Bremserreger angeschlossen. Die Motoren arbeiten jetzt als fremderregte Synchrongeneratoren. Als Bremserreger dienen die von einer Akkumulatorenbatterie gespiesenen Gleichstromgeneratoren, die jeweils auf einem Ende der Fahrmotorwelle sitzen. Die gesamte mechanische Bremsenergie wird so in Wärme umgesetzt und vom Fahrwind aus den Dachwiderständen weggetragen.

Der bergseitige Führerstand des Doppeltriebwagens. Der Steuerkontroller besteht aus einem Fahrschalter mit den Stellungen 0 bis ++, einem Fahrrichtungsschalter mit den Positionen R, O, V und einem Verriegelungshebel. Links Getriebe- und Klinkenbremse.

Piste und Puste

Tage auf dem Gornergrat sollten schon in der Agenda einen dicken roten Strich erhalten und als Festtage markiert werden. Sie heben sich aus dem grauen Einerlei des Kalenders heraus wie helle Sterne in der Nacht und bleiben unvergesslich. Das hängt damit zusammen, dass der Gornergrat ein unvergleichlicher Aussichtsberg und dazu ein allen Wünschen entsprechender, immenser Tummelplatz ist. Auch die Bahn hat nämlich nichts dagegen, wenn die Fracht, die sie transportiert, den angebrochenen Tag nach eigenem Gutdünken bis auf den Grund der Seligkeit auskostet. Für die einen bedeutet dies Photographieren, Filmen, Zeichnen und Malen mit immer neuem Vordergrund und Motiv, für die andern stilles Erleben der wechselnden Bergstimmung am Rand der Gletscher, in der berauschenden Pracht der Frühlingsblumen oder im letzten Farbwunder des Herbstes. Die dritten spüren seltenen Pflänzchen, Tieren und Gesteinen nach, und die vierten suchen körperliche Entspannung in einer Höhenwanderung oder beim Skilauf. Für alles ist hier gesorgt. Es muss nicht immer «Gornergrat retour» sein!

Gewiss ist es keine Schulmeisterei, wenn Alpenclubs und Wandervereine auch den Bahnfahrern ans Herz legen, für die Bergreise auf jeden Fall eine warme Jacke, etwas zum Knabbern und eine Landkarte ins Rucksäckchen zu packen sowie gleitsicheres, kräftiges Schuhwerk anzuziehen. Die Gornergratbahn endet mit ihren komfortablen Wagen – wie eine Bergtour – im frischen Bergwind und auf abschüssigem Boden. Das Hotel ist in der Nähe; es kann aber jeden Gipfelfahrer die Lust ankommen, am Ziel auch die Beine zu vertreten, jauchzend und lachend, alle Vorsicht vergessend, sich Wind und Sonne auszusetzen oder am verlockenden Berghang nach einem Bild, einer Blume zu haschen. Der Unbelehrbare wird flugs auf der Verlängerung des Rückens landen und abends mit einem Schnupfen oder Sonnenbrand ins Bett steigen, weil er die Unvorsichtigkeit beging, einem 3135 m hohen Berg in Shorts und Sandaletten die Referenz erwiesen zu haben. Wer sich vom Gornergrat aus noch aufs Stockhorn tragen lassen will, kommt um hohe Schuhe kaum herum, weil der Weg von der Endstation der Luftseilbahn bis zum Gipfel eine kleine, zwar ungefährliche, Schneewanderung von 20 Minuten einschliesst. Die Fahrt zum Stockhorn öffnet den Blick auf Grünsee, Stellisee und Fluhalp und rundet das Panorama im Osten des Gornergrates ab mit dem nahen Blick auf das gewaltige, zwanzig Quadratkilometer grosse Eismeer zwischen Gorner- und Findelengletscher (Bilder Seiten 98 und 108).

Den Weg zwischen Gornergrat und Stockhorn zu Fuss zurücklegen zu wollen, sollten sich ungeübte Berggänger – auch wenn sie in guten Stiefeln stecken –

Auf dem Rotenboden beim Riffelhorn. Ein System von Skiliften am West- und Nordabhang des Kammes ergänzt Gornergratbahn und Stockhorn-Luftseilbahn in einer Weise, dass keine Wünsche des Skifahrers offen bleiben. Vom November bis in den Sommer lassen sich leichte, mittlere und anspruchsvolle Abfahrten in vielen Kombinationen aneinanderreihen.

aus dem Kopfe schlagen. Das Weglein ist mit leichten Klettereien durchsetzt und erfordert ungefähr zwei Stunden Marschzeit. Auch die Querung des Grates bis zur Station Hohtälli weist schon einige kurze Stellen auf, die Trittsicherheit voraussetzen und nicht jedermanns Stärke sind. So senkt sich das Gewicht für die Weiterreise vom Gornergrat in östlicher Richtung eindeutig zugunsten der silbernen Gondeln, die den Grat entlang schweben. Damit ist das den Bahnen vorbehaltene Reservat aber schon abgesteckt, und wir können uns den in der Landeskarte mit durchgehenden Strichlein eingezeichneten Wanderwegen zuwenden, die keine besonderen alpinen Kunststücke erheischen. Wir betrachten hier vor allem die Abstiegsrouten vom Gornergrat aus. Dem Leser bleibt es unbenommen, sie in umgekehrter Richtung auch für den Aufstieg vorzumerken. Steigen ist ja an sich gesünder, verlangt jedoch eine Portion mehr Energie und die Hälfte mehr Zeit. Der

In den Alpenrosen. Das genügsame Schaf ist heute noch auf allen Alpen anzutreffen. Im Wald sieht es der Förster nicht gern, weil der Weidegang die natürliche Verjüngung des kostbaren Baumbestandes verhindert. Auch Touristen sind gebeten, Wald und Weiden Sorge zu tragen.

Wanderer wird trotzdem darauf bedacht sein wollen, die auf Retourfahrten von der Bahn offerierten Ermässigungen auszunützen. Dafür steht ihm eine fast unerschöpfliche Auswahl von Varianten zur Verfügung, so dass er von keiner Station der Gornergratbahn aus für den Abstieg den gleichen Weg nehmen müsste wie für den Aufstieg.

Wer von Gornergrat-Kulm aus zu Fuss nach Zermatt zurückkehren will, muss mit einem Marsch von 3¼ Stunden rechnen. Die von den Skifahrern benützten Pisten sind dazu nicht unbedingt die schönsten Routen. Hübscher sind die unverdorbenen Umwege, die auch weniger in die Beine fahren. Denn wer will sich anderntags schon gerne mit einem ausgewachsenen Muskelkater an den Frühstückstisch setzen?

Drei verschiedene Wege verlassen den Gornergrat. Der übliche und seinerzeit von den Sänftenträgern und Sattelpferden benützte Saumweg läuft fast parallel zur Bahnlinie auf den Rotenboden hinunter und direkt auf die Station

Auf der Fluhalp neben der Moräne des Findelengletschers weicht der Schnee. Adlerhorn und Cima di Jazzi, dazwischen eines der Weisstore. Stark beschattet rechts der Ausläufer des Stockhorns. Eine Skitour für Geniesser: Stockhorn-Cima di Jazzi-Findelengletscher!

und das Hotel Riffelberg zu (¾ Std.). Von hier aus folgt der Weg links neben dem Hotel dem blumenbestandenen Bachlauf (Bild Seite 116). Ein gehöriges Stück unterhalb der Bahnlinie quert er das Riffelbord. Nach der sumpfigen Senke der Bodmen fällt er direkt auf den Standort des ehemaligen Hotels Riffelalp zu (ab Gornergrat 1½ Std.). Man hüte sich davor, vom Riffelberg aus, rechts haltend, der knallig markierten Skipiste und der Lawinenschutzgalerie der Bahn zu folgen! Das Unternehmen endet in unbequemen Manövern über dem in den steilen Hang geschlagenen Steg, der nur schneebedeckt im Winter und nur für Skifahrer passierbar ist.
Gegenüber der geschilderten Abstiegsroute, die sich aussichtsmässig von der Bahnfahrt kaum unterscheidet, bietet der Pfad an den Seelein der Oberen und Unteren Kelle vorbei (Bild Seite 96) einen hübschen Szenenwechsel. Die Spur verlässt den Gornergrat in nördlicher Richtung beim hölzernen Wegweiser in der Mulde unterhalb des obersten Bahndammes. Beim letzten

Seelein und vor dem Abstieg ins Hohtälli, bleibt es einem immer noch frei, diesseits der Alp und des Rosenritzes über die Gugle zur Station Riffelberg zurückzukehren. Reizvoll ist aber der Umweg über den Grünsee und das Tal von Findelen (Gornergrat-Grünsee 1½ Std.). Vom Grünsee führt ein ebener, von Photographen heiss umworbener Weg, durch lichten Wald zur Station Riffelalp zurück (1 Std.). Dies- und jenseits des Findelenbaches pirschen sich aber auch nach Harz und Honig duftende Alpwege direkt nach Winkelmatten und Zermatt hinunter (1¾ Std.).
Ein dritter Pfad verlässt den Gornergrat durch die imposante, mit seltenen Pflanzen bestandene und von Schmetterlingen umgaukelte Südflanke. Man folgt dem Gratkamm von der Bergterrasse aus vierhundert Meter weit in östlicher Richtung. Hier zweigt ein gut sichtbares Weglein zum Gornergletscher hinab. In kurzem steilem, aber nicht exponiertem Zickzack windet es sich rasch in die Tiefe. Wenig über der Moräne stösst es auf den Weg, der zur Monte Rosahütte führt. Wir kehren auf dem wahrhaft königlichen Hüttenweg fast horizontal zurück auf den Rotenboden (1 Std.) und geniessen unterwegs die Sicht auf den nahen, 15 km langen Gletscher, auf Matterhorn und Monte Rosa. Der Gang über dem Ufer des Gletschers ist auf ungefährlichem Weglein an den Riffelseen und am Riffelhorn vorbei bis zum Gakihaupt und der Station Riffelberg zu verlängern (¾ Std.). Wem vor dem steilen Hang nach dem Gakihaupt nicht bange wird, kann in der Gabelung das untere Weglein wählen und erst auf der Höhe der Riffelalp wieder horizontalem Boden und der Bahnstation zusteuern (¾ Std.).
In den unteren Pfad, der nach dem Gakihaupt den Riffelberg umrundet und zur Riffelalp führt, mündet nach 15 Minuten auch das westlich vom Hotel Riffelberg am grünen Hang abwärtsstossende Weglein ein. Das heisst, auch vom Riffelberg aus muss man für die Rückkehr ins Tal nicht unbedingt dem Saumpfad und der Heerstrasse folgen. Das kleine Weglein lässt sich Zeit und führt nach der Kreuzung mit dem Gakihauptweg noch tiefer in die Dristelen hinunter. Auf einmal besinnt auch es sich eines anderen, macht einen Schwenker nach Norden und stellt jetzt den Wanderer vor die Wahl, entweder auf breitem Weg bequem und ebenerdig der Riffelalp zuzustreben (ab Rotenboden 1½ Std., ab Riffelberg 1 Std.) oder sich für das Weglein zu entscheiden, das zur Moräne und zum Gletschertor der Gornera hinunterleitet. Der Weg über Bodengletscher und Furggbach war einst eine viel benützte Verbindung zwischen den Hotels auf der Riffelalp und beim Schwarzsee. Für den Rückweg nach Zermatt benützt man mit Vorteil das

Das Auge des tiefblauen Sees in der Oberen Kelle unter Gornergrat-Kulm blickt auf Feekopf, Allalinhorn, 4027 m, und Rimpfischhorn, 4199 m. Vor den Gipfeln der Schwarzgrat über der Fluhalp. Das Fussweglein über die Kellen und das Hotel Findelengletscher ist eine beliebte Variante für den Abstieg nach Zermatt (Marschzeit 3¼ Stunden).

Im Gegenlicht der aufgehenden Sonne das Stockhorn mit der Bergstation der Luftseilbahn auf 3405 m und die Cima di Jazzi über dem Gornergletscher. Blick von Gornergrat-Kulm.

Strässchen bis Furi. Von hier aus lässt sich das Tagewerk mit dem abwechslungsreichen Bummel längs der Gornerenschlucht beenden (Rundweg Riffelalp-Zermatt 4 Std.).

Den andern hübschen Rundweg von der Riffelalp über den Grünsee und durch das Findelental kennen wir bereits (Seite 97). Der direkte Abstieg von der Riffelalp nach Zermatt über den alten Saumweg berührt die Augstchumme und zieht eine weite Schlaufe durch die mit verschlungenen Weglein durchzogenen Vorderen Wälder (Bild Seite 44). Der Alpweg verlässt die Riffelalp unterhalb der alten Hotelkapelle (1¾ Std.). Ein eiliges, kleines Weglein zweigt von der Riffelalp ein paar Schritte neben der Bahnstation ab. Es führt durch die Wälder der Lauberen steil zur Findelenbachbrücke hinab, berührt das Kraftwerk der Gornergratbahn und trifft beim Brücklein vor Winkelmatten auf den von Moos kommenden gewöhnlichen Riffelalpweg (1¼ Std.).

Was halten Sie nach Wald und Blumen von einer kleinen Gletscherreise? Beliebt ist der Besuch der Monte Rosahütte vom Rotenboden her (Bild Seite 100, Hinweg 2¼ Std., SAC-Hütte). Etwas anspruchsvoller - weil Hin- und Rückweg am gleichen Tag erforderlich sind - ist die Tour auf die Cima di Jazzi (Aufstieg ab Stockhorn 2 Std.). Wer mit dem Gletscher auf gutem Fuss steht, traversiert die eindrückliche Eiswildnis zwischen Rotenboden und Gandegg (2¾ Std., Herberge). Alle Gletschertouren sollten nur in guter Ausrüstung und unter ortskundiger Führung unternommen werden. Das Führerbüro in Zermatt organisiert regelmässige Exkursionen.
Bis jetzt war nur die Rede von Fusstouren. Am Gornergrat gilt indessen eine ganz besondere Sorgfalt der Anlage guter Skipisten. Nach der zweiten Bauetappe der Bahn, die mit der regelmässigen Aufnahme des Winterbetriebes beendet schien, folgte eine dritte Bauphase. 1952 reichte die Gornergratbahn beim Eidgenössischen Eisenbahndepartement das Gesuch für den Bau einer Luftseilbahn vom Kulmhotel über den Hohtälligrat nach dem Stockhorn ein. Die Luftseilbahn, mit vierzig Personen fassenden Kabinen und einer Fahrzeit von 16 Minuten, konnte am 23. Oktober 1958 eingeweiht werden. Sie erschloss das grossartige Skigebiet an der Nordabdachung des Grates und eine Vielfalt von weiteren Ski- und Bergtouren.
Und weil die Skifahrer von der Leidenschaft ihrer gleitenden und schwingenden Kunst unwiderstehlich gepackt wurden, musste auch die Gornergratbahn

Beliebte Hochtouren im Umkreis der Monte Rosahütte gegenüber dem Gornergrat.

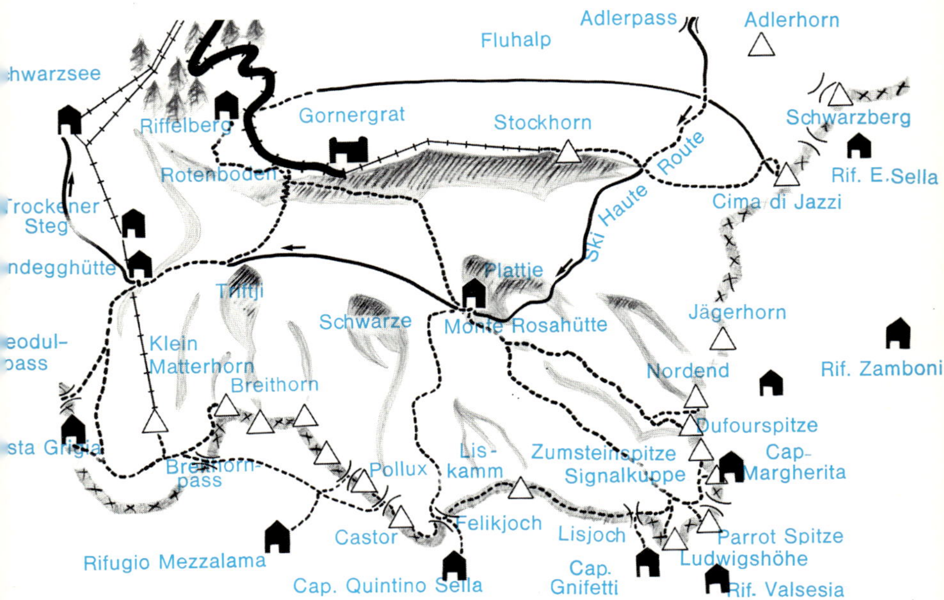

Im Aufstieg zur Monte Rosahütte. Dent d'Hérens, Matterhorn und Dent Blanche heissen die Bergriesen am Horizont über dem weiten Gornergletscher.

für ein Skikarussel unbegrenzter Skiabfahrtsmöglichkeiten und den schnellen Transport in die Höhe sorgen. Vor allem ging es darum, dem Skifahrer die vorzeitige Rückkehr ins Tal zu ersparen. Neben das Geleise zwischen Riffelberg und Gornergrat-Kulm wurde zur Beschleunigung des Verkehrs ein zweites Schienenpaar gelegt. Als auch das noch zuwenig war, baute man zur Entlastung der Schiene in den West- und Nordhängen verschiedene Skilifte. Sie fächern das von der Gornergratbahn und der Stockhorn-Luftseilbahn in die Höhe getragene Publikum je nach seiner Fähigkeit und den Schneeverhältnissen über den ganzen Rücken des Berges. Die Pisten umfassen leichte, mittelschwere und schwere Abfahrten bis zu 7 km Länge und 1500 m Gefälle. Die Pisten werden von den Bahnen sorgfältig präpariert und regelmässig kontrolliert. Es empfiehlt sich, vor der Abfahrt die letzten Kontrollgänge - die Zeiten sind überall angeschlagen - zu beachten und die markierten Pisten nicht zu verlassen.

Die Viertausender im Blickfeld des Gornergrates und ihre Erstbesteigung

Gipfel	Höhe ü.M. m	erstmals erstiegen	über Route
Breithorn	4164	1813	vom Breithornpass über SSW-Flanke
Strahlhorn	4190	1854	vom Adlerpass über WNW-Grat
Monte Rosa			
Dufourspitze	4634	1855	1. Aug., über Sattel und Westgrat (Smyth, Hudson, Birkbeck, Stephenson mit Führern U. Lauener, J. und M. Zumtaugwald)
Nordend	4609	1861	über Silbersattel und SSW-Grat
Signalkuppe	4556	1842	von Lisjoch über Colle Gnifetti
Allalinhorn	4027	1856	vom Allalinpass über Südwestgrat
Dom	4545	1858	Festijoch und Nordwestgrat
Nadelhorn	4327	1858	vom Hohbalmgletscher über Windjoch
Rimpfischhorn	4199	1859	von Fluh über Rimpfischwang und WSW-Grat
Alphubel	4206	1860	vom Alphubeljoch über Südostgrat
Liskamm	4527	1861	vom Lisjoch über Ostgrat
Weisshorn	4505	1861	vom Fluhgletscher über Ostgrat
Castor	4228	1861	vom Felikjoch über Südostgrat
Täschhorn	4490	1862	über Kingletscher, Nordwestflanke
Dent Blanche	4357	1862	über den Südgrat
Dent d'Hérens	4171	1863	von Südwesten über Westgrat
Pollux	4092	1864	wahrscheinlich über Schwarztor
Zinalrothorn	4221	1864	von Mountet über Nordgrat
Obergabelhorn	4063	1865	von Trift über Obergabeljoch
Matterhorn	4477	1865	14. Juli, von Schwarzsee über Hörnligrat (Whymper, Hudson, Hadow, Douglas mit Führern M. A. Croz, Peter Taugwalder Vater und Sohn)
		1865	17. Juli, von Breuil über Südgrat (Führer J. A. Carrel und J. B. Bich)
		1879	Zmuttgrat
		1899	Furggengrat
		1931	Nordwand
		1965	Diretissima
Hohberghorn	4219	1869	vom Stecknadeljoch über ESE-Grat
Lenzspitze	4294	1870	vom Nadeljoch über Nordwestgrat
Dürrenhorn	4035	1879	vom Dürrenjoch über Nordgrat
Bishorn	4153	1884	vom Bisjoch her

Nächste Seiten: Blick von Gornergrat-Kulm in nordwestlicher Richtung. Über dem flechtenbesetzten Felsen links, angeschnitten, Dent Blanche, dann Grand Cornier und die schöne Gruppe Obergabelhorn-Wellenkuppe. Unter dem Gabelhorngletscher die Zacken des Untergabelhornes. Über die Bildkanten hinweg schwingt sich der bei guten Kletterern beliebte Grat vom Trifthorn zum Zinalrothorn. Rechts der markante Dreikant des Weisshorns, unmittelbar darunter das zahme, aber lohnende Mettelhorn. →

Klettergarten am Bahngeleise

Ein kleiner Berg, der es dick hinter den Ohren hat, ist das Riffelhorn. Nicht vergebens wagt es der Knirps, eine Schulter schnippisch hochziehend, sich frech, und als wäre es vor dem Spiegel des Riffelsees einstudiert, in der Pose des Matterhorns vor den gewaltigen Berg zu stellen.
Von der Stelle Rotenboden aus ist der Gipfel des 2927 m hohen Riffelhornes auf dem leichtesten Weg in etwa einer Stunde zu erreichen. Der Bummel schliesst aber eine halbe Stunde zünftiges Klettern ein. Man besteigt den Berg nicht ohne Seil und Kameraden. Der Neuling darf offen zugeben, Herzklopfen zu haben, wenn er hier zum erstenmal ans Seil genommen wird. Wer nicht ganz schwindelfrei ist, darf auch gestehen, vom Tiefblick auf den Gornergletscher hinunter beeindruckt zu sein. Es gibt wohl keinen Bergführer, der sich den Spass versalzen würde, seine Schützlinge im Kamin der Skyline ein bisschen zappeln und auf der schmalen Kante, die den sichern Halt im Serpentin vom luftigen Nichts trennt, etwas schwanken zu lassen. Damit wird nämlich die Verteilung der Rollen in der Seilschaft ein- für allemal festgelegt, und der Schüler lernt, was ihm die rettende Hand des Führers wert ist. Das Riffelhorn ist der Prüfstein dafür, ob man den Strapazen einer Matterhornbesteigung und dem damit verbundenen Tiefblick gewachsen ist. Der Normalaufstieg aufs Matterhorn kann bei guten Verhältnissen leicht sein, an Herz und Nerven stellt er aber doch hohe Ansprüche.

Links: Das bescheidene Riffelhorn im Vordergrund parodiert sein gewaltiges Gegenüber.
Rechts: Auch das Riffelhorn hat seine markanten Kletterrouten.

Wer aufs Matterhorn steigen will, wird von seinem Führer meistens zuerst am Riffelhorn auf Herz und Nieren geprüft. So unscheinbar es aussieht, das Riffelhorn weist einen ganzen Fächer von Durchstiegsrouten auf. Die interessanten finden sich in der dem Matterhorn zugekehrten Wand. Auf Riffelsee und Rotenboden blickt die Seite mit den leichteren Routen (im Bild). Nach Schwierigkeiten werden sie wie folgt klassiert: Normalroute (A), Seeweg (B), Skyline (C). Die Abseilroute D wird nur im Abstieg benützt.

Die leichteren Routen auf das Riffelhorn befinden sich alle auf der Nordseite, welche den Riffelsee um rund 170 m überragt. Dem Gletscher kehrt das Horn aber eine 400 m hohe Fassade zu. Die Westwand ist von senkrechten Rinnen, einer Verschneidung und einem grossen Couloir durchzogen. Bekannt ist das «Matterhorn-Couloir», das als sehr schwierig und glatt gilt und direkt gegenüber dem Matterhorn liegt. In der Südwand finden sich dicht nebeneinander die seltener begangenen und ebenfalls höchste Anforderungen an das Können der Bergsteiger stellenden Routen des Grogan-Couloirs, des Ecks, des Gletschercouloirs, der Kante, des Biner-Couloirs und des Thermometercouloirs. In das Tagespensum eines guten Klettermannes gehen drei bis vier verschiedene Routen hinein. Wer also auf Training hält und auch an wetterwendischen Tagen nicht untätig bleiben mag, findet direkt am Bahngeleise der Gornergratbahn ein prächtiges Turngerät.

Gornergrat hell

Es geziemt sich, ein paar Worte über die Wahl des richtigen Tages für die Reise auf den Gornergrat zu verlieren. Jeder Tag ist recht, sofern er gutes Wetter verspricht. Das ist in Zermatt nicht schwer zu treffen, und doch ist es besser, für den Gornergrat nicht just den letzten Ferientag aufzusparen, sondern gleich die erste Schönwetterperiode auszunützen. Am eindrücklichsten ist die Aussicht frühmorgens, wenn die schrägen Schatten der klaren Sonne die Scharten des Gebirges plastisch beleuchten. Die hintereinanderliegenden Gratketten sind jetzt deutlich gestaffelt, und die Gipfel sitzen auch für das unbewaffnete Auge in der ihnen topographisch zugehörenden Kette. In der Schwüle des Mittags steigen die staubgetränkten unteren Luftschichten aus dem Tal auf und legen sich als diesiger Vorhang vor das Bild. Sie verfilzen die Gebirgsmassive zu einer Fläche, in der die Gletscher mit einer fast unerträglichen Helle und Konturlosigkeit herausstechen. Im späteren Nachmittag, sobald sich die Luft wieder abkühlt und senkt, die Sonne ihren Bogen beendet, gewinnen Berge und Firne erneut an Relief und Glanz. Es empfiehlt sich daher, morgens mit einem der ersten Züge auf den Gornergrat zu fahren oder es wenigstens so einzurichten, dass man abends erst mit den letzten Wagen ins Tal zurückkehren muss.
Bleiben wir beim Wetter: in Zermatt ein langweiliger Gesprächsstoff – es ist sozusagen immer schön. Und doch ein hoch interessanter. Warum ist es immer schön? Um das zu verstehen, müssen wir zu unserem Sonderfall Monte Rosa zurückkehren (Seite 12). Die Bergmauer schickt nämlich den Nachbarn nicht nur Lawinen und Geröll auf die Weiden hinunter: Sie sammelt auch die aus den feuchten Luftmassen niederprasselnden Regentropfen und leitet sie in die Becken von Macugnaga und Alagna. Die von der Adria und vom Mittelmeer herangetragenen Wasserdämpfe steigen an der Ostwand des Monte Rosa hoch, kühlen sich ab, und – wenn sie einmal müssen – lassen sie das Wasser kurzerhand auf dem Grenzkamm fallen. Zermatt bleibt trocken. Im Süden und Südwesten stösst der Zermatter Kessel aber an die hohen Piemonteser Alpen und das Aostatal mit seinem ebenfalls trockenen Klima an. Was das Mittelmeer an feuchten Massen ins Land schickt, kühlt sich schon ein gehöriges Stück vor dem Zermatter Grenzkamm an den hohen südlichen und westlichen Bergrücken ab und deponiert den Regen

Über Unter- und Oberrothorn auf der Seite der Fluhalp erheben sich die Felsnadeln der Mischabel und die schneebedeckte Kuppe des Alphubels, 4206 m. In der Bildmitte, sonnenbeschienen, der lange Teufelsgrat am Täschhorn, 4490 m. Daneben im Schatten der Dom, 4545 m, und knapp sichtbar der Nadelgrat mit (von links nach rechts) Dürrenhorn, 4035 m, Hohberghorn, 4219 m, und Stecknadelhorn, 4242 m. Blick von Gornergrat-Kulm.

Mit der Luftseilbahn Gornergrat-Stockhorn gelangt man über den Hohtälligrat nochmals 250 m höher in die Gletscherwelt hinein. Direkt unter dem Matterhorn Gornergrat-Kulm.

dort. Wolken im Gebirge sind meistens die Folge aus dem Tal aufsteigender feuchter Luftmassen. Wie wir gesehen haben, treiben vor allem längs des Anzascatales während des Tages mit Wasserdampf gesättigte Luftschichten vom Talboden auf (Bild Seite 98). Mit der Bewegung ist eine Abkühlung und Kondensation der Feuchtigkeit verbunden, die zu blumenkohlartigen Haufenwolken führt. Für die Grenzkette der Penninischen Alpen sind diese kraftvoll aufgetürmten Cumuli charakteristisch (Bild Seiten 24-25). Ist das Wetter trocken und schön, stehen sie über dem Grenzkamm, ist es feucht, umgürten sie die Gipfel und erleichtern sich oft in einem Gewitterregen an Ort und Stelle. Selten – nur bei ausgeprägten Druckverhältnissen – dringen die sich in den Passlücken festsetzenden Wolkenbänke in die innere Region von Zermatt vor.
Es zeigt sich somit, dass Zermatt gegen die regenbringenden Süd-, Südost- und Südwestwinde durch seine Hochwälle auf eine eigenartige Weise fast vollständig abgeschlossen ist und seine Gletscher trotzdem genährt werden.

In neun von zehn Fällen, da Wolken am Horizont erscheinen, folgen sie den grossen Gebirgsketten rund um das Tal und lassen das Zentrum trocken. Auf den Seiten halten die gigantischen Kämme der Mischabel, des Weisshorns und der Dent Blanche den feuchten Segen auf (Karte Seite 7). Unter solchen Umständen finden Pflanzen und Tiere besonders günstige Lebensbedingungen und steigen höher hinauf als im übrigen Alpengebiet. Die Waldgrenze liegt bei 2300 m, die Schneegrenze bei 3000–3250 m. Blütenpflanzen siedeln sich bis über 3500 m Höhe an. Der Bergfrühling hält je nach Höhenlage zwischen Mai und Juli Einzug.
Es ist nicht verwunderlich, dass der im Mittelpunkt des trockenen Luftraumes sitzende Gornergrat auch den Astronomen zusagt, die mit ihren

Das Hotel Gornergrat-Kulm mit den astronomischen Observatorien, die von der Stiftung «Hochalpine Forschungsstationen Jungfraujoch und Gornergrat» betrieben werden. Der Stiftung gehören an: wissenschaftliche Institute und Gesellschaften Grossbritanniens, Frankreichs, der Niederlande, Belgiens, Deutschlands und der Schweiz – die Verwaltung liegt bei der Universität Bern. In der Südkuppel ist ein 1 m-Gabelteleskop untergebracht, in der Nordkuppel ein 1,5 m-Spiegelteleskop. Hier z.B. betreiben Infrarot-Astronomen der Universitäten von Mailand, Bologna, Rom und Florenz ein Langzeitprogramm von Messungen.
Im Observatorium Süd sind vor allem Wissenschafter der Observatorien von Genf und Lyon sowie der Astronomischen Institute der Universitäten von Lausanne und Basel mit langfristigen Beobachtungen der Struktur unserer Milchstrasse und extragalaktischer Prozesse beschäftigt. Neben neuzeitlichen Apparaturen stehen im Turm Schlafzimmer, eine Küche und eine kleine Werkstatt zur Verfügung. Die Station ist jährlich an rund 190 Tagen besetzt – in den Sommermonaten mit den kurzen Nächten wird nicht beobachtet.

Instrumenten den staub- und wasserdampfgesättigten Luftschichten der Ebene aus dem Wege gehen. Das der Burgergemeinde Zermatt gehörende Kulmhotel beherbergt gleich zwei Observatorien, von denen aus die internationalen Gruppen von Wissenschaftern den Himmel bei Tag und bei Nacht systematisch beobachten und ausforschen.

Das Verhältnis der sommerlichen Niederschläge zu den winterlichen ist in Zermatt sehr ausgeglichen. Am niederschlagärmsten ist der Februar und am nässesten der Oktober. Selbstverständlich fällt auch das Zentralgebiet der Penninischen Alpen, das heisst die Gruppe um den Monte Rosa, unter die natürlichen Gesetze des Einschneiens. Allerdings hat Zermatt eine Spur weniger Schnee als die nördlichen Ketten, dafür darf der Skifahrer mit grösserer Sicherheit auf schöne Tage zählen. Während sich in der Ebene düstere Nebel breitmachen, wölbt sich über Zermatt der blaue Himmel. Meistens ist es der Nordwind, der über Gemmi und Turtmanntal hinweg den weissen Segen in den unteren Teil der Vispertäler trägt, während im oberen Saastal und durch die Einfallstore ins Zermatter Becken die grosse Schneelast von den feuchten Adria- und Mittelmeerwinden gebracht wird. Dabei muss man wissen, dass auf den Gipfeln normalerweise weniger Schnee zurückbleibt als im Tal. Die winterlichen Winde und Stürme blasen den weissen Zauber mit dem gleichen Eifer aus den Bergkämmen wie die städtischen Strassenkehrer aus den Fahrbahnen. Noch bevor man morgens die Augen ausgerieben hat, um sich am frischen Schnee zu freuen, ist er schon weggeputzt. Erst im April oder sogar im Mai wird das Hochgebirge wirklich eingeschneit. Unter der wachsenden Kraft der Sonne bleibt der Schnee besser haften, er geht in Firn über, dem der Wind nichts mehr anhaben kann. Sich rundende Firnkörner sind die erste Stufe der kommenden Vereisung. Auf den Gletschern schmelzen sie über Mittag zu einer gleichmässig weichen Schicht. Mai und Juni sind daher die goldene Zeit der Frühjahrsskifahrer. Jetzt sind auch die Gletscherspalten mit kräftigen Brücken überdeckt und am ungefährlichsten.

Jemand, der sich in den Schneeverhältnissen des Hochgebirges trefflich auskennt, ist der Alpensteinbock. Während die Gemsen im Winter mit Vorliebe sich in den oberen Partien der Wälder aufhalten und der Lawinengefahr bisweilen direkt aussetzen, suchen die Steinböcke über den höchsten Bäumen den sicheren Fels auf. Sobald Schnee fällt, fühlt sich das Tier oberhalb der

Findelen, Ze Gassen, 2051 m über Meer. Die Kraft der Sonne verhilft auch hier dem kargen Boden zu einer unerwartet reichen Vegetation. Der schon in den Chroniken des 16. Jahrhunderts erwähnte Weiler (siehe Seite 36) thront fünfviertelstunden Marschzeit hoch über Zermatt. In alten Zeiten gab es mehr Haushaltungen in den verstreut um Zermatt liegenden Siedlungen als im Dorfkern selbst. – Ausblick vom Fussweg Grünsee-Riffelalp.

gefrorenen Wasserrinnen und im harten Stein geborgen. Dabei zieht es für seinen Aufenthalt Südhänge vor, die Sonne und Wind nach einem Schneefall möglichst rasch wieder gesäubert haben. Mit den Hufen kratzen die Tiere trockenes Gras und dürre Kräuter frei. Im übrigen schaben sie Flechten von den Felsen und leben vom Speck, den sie sich im Sommer zugelegt haben. Sobald die Schneeschmelze einsetzt und die Alpen grünen, kehren die Steinböcke in die Niederung und an den frisch gedeckten Tisch zurück. Um diese Zeit, Mitte Mai bis Mitte Juni, kommen auch die Jungen zur Welt.

Der Steinbock ist gesellig und lebt in Rudeln (Bild Seite 33, anfangs Juli aufgenommen), so dass sich die Rangfolge in aller Ruhe und bei kleinem Gezänk einstellen kann, bevor die Brunft im Dezember und Januar beginnt. Etwa Ende Juli sondern sich die Herren vom Geraffel ab - den Geissen, Kitzen und Jungtieren - und verziehen sich in Verbänden von zehn oder zwanzig Böcken in die Höhe. Der Sommer bringt eine grössere Zerstreuung der Tiere. Die Männchen, ihrer schweren Winterwolle entledigt, fühlen sich munter und frei und halten sich auf einer Höhe von 2600 bis 3000 m auf. Die Geissen und Jungtiere bleiben etwas tiefer. Den Menschen blickt der Steinbock mit bernsteingelben Augen arglos entgegen. Bei der geringsten nervösen Bewegung des Zweibeiners zieht er es allerdings vor, ihm das Hinterteil zuzukehren und mit hochgestelltem Schwanz, den nachkommenden Gefährten so die Fluchtrichtung markierend, das Weite zu suchen. Die Kletterkünste der schweren Tiere sind erstaunlich. Ihre sehnigen, kurzen Beine befähigen sie, ohne Anlauf vier bis fünf Meter hohe Wände hinaufzusetzen und sich mit grösster Selbstverständlichkeit - die Vorderhufen gespreizt - auf fingerbreiten Leisten festzuhalten. Trotzdem tut man gut, den Steinbock in Ruhe zu lassen und sich auf jeden Fall nie unterhalb der Tiere aufzuhalten. Sie können sehr leicht Steine lösen.

Wohl gerade seine Furchtlosigkeit hat dazu geführt, dass der Steinbock ein zu leichtes Opfer der Jäger wurde. Anfangs des vorigen Jahrhunderts war das Tier in der Schweiz und in Tirol vollständig ausgerottet, und nur nach mühsamen und vielen fruchtlosen Versuchen gelang es langsam, den Alpensteinbock mit letzten Pärchen aus dem Gran Paradiso in seiner Heimat und in sorgfältig ausgewählten Reservaten wieder anzusiedeln. Heute ist der Steinbock in der Schweiz vollständig geschützt.

Der Unverstand der Menschheit ist grenzenlos: Man sollte meinen, die in die Augen springenden misslichen Erfahrungen mit dem schönen Wildtier hätten schon vor zweihundert Jahren zur Vernunft mahnen müssen. Aber nein, selbst mit Schmetterlingsnetz und Botanisierbüchse - heute wären es Plastiksäcke - als Naturfreund getarnt, kann der Mensch es nicht lassen, die Täler und Berge ihrer seltenen Schätze zu berauben. Der Gornergrat birgt Kleinode, unter anderem Glazialrelikte, deren Namen man kaum mehr in den

Mund zu nehmen wagt, um sie nicht einer unwürdigen Nachstellung auszusetzen. Wenn die Zermatter Burger, denen der Berg gehört, selbst nicht schon wüssten, was seine Schönheit wert ist und ihr Sorge trügen, müsste man den Gornergrat dem World Wildlife Fund verkaufen und seinem Schutz anvertrauen.

Wenn Sie nicht glauben wollen: Kurz vor dem Ersten Weltkrieg gab es Entemologen, die auf dem Rotenboden jeden Steinblock umdrehten und die darunter an niedrigen Pflänzchen haftenden Raupen und Puppen eines winzigen, drei Zentimeter spannenden Nachtfalterchens systematisch zerstörten, um damit den Goldmarkpreis der in den Sammlungen konservierten Exemplare zu verzehnfachen! Um 1900 herum war der kastanienbraune Schmetterling zwischen Riffelberg und Rotenboden noch häufig anzutreffen, seit aber entdeckt wurde, dass der Falter in der Welt einzig dasteht und auch weder in Sibirien noch Mittelasien ein Gegenstück hat, setzte eine wahre Hetzjagd der Insektenhändler nach dem Tierchen ein. Ein naher Verwandter des kleinen Schmetterlings kommt sowohl auf dem Gornergrat und in ähnlichen alpinen Lagen als auch in Lappland und Sibirien vor. Da die Funde kaum unterschiedliche Merkmale zeigten, schlossen die Zoologen daraus, dass 60 000 Jahre nicht genügten, um eine eigene Spezies zu bilden.

Noch vor einem Jahrzehnt fanden sich bepflanzte Roggenäcker hinter Täsch. Das reife Korn wurde mit der Sichel geschnitten. Seit dem Einzug moderner Konsumgepflogenheiten liegen die ehemals mit Fleiss und Genie bewirtschafteten Felder brach. Das Getreide kam einst selbst in Findelen auf 2000 m Höhe zur Reife.

Ähnliche Beobachtungen meldeten die Botaniker an, und sie waren es auch, die zuerst auf den Gornergrat aufmerksam machten. Sie fanden Pflanzen, die nur hier gedeihen, andere, die sowohl hier wie auch im Hohen Norden zu Hause sind. Die Erscheinungen legten die Vermutung nahe, während der letzten Eiszeit (Würm-Eiszeit), als der polare Gletscher bis nach Berlin herunter- und die alpine Eiskruste bis nach Frankfurt hinaufreichte, habe der Gornergrat ein begünstigtes Klima gehabt. Einige Höcker und Felsspitzen schauten möglicherweise aus dem Eis heraus und wurden von der Sonne derart verwöhnt, dass in Runsen und Spalten Pflänzchen und Tierchen überdauern konnten, die es sonst nirgends mehr gibt. Unsere kleinen, kälteliebenden Nachtfalter haben vielleicht auf einem solchen Höcker überlebt, oder sie haben aus der Tundra zwischen den beiden grossen Eisdecken im Verlauf der Jahrtausende den Weg in die Alpen zurückgefunden, während ihre verbreiteteren Verwandten den sich zurückziehenden Eiszungen sowohl nach Norden wie nach Süden gefolgt sind.
An den Grenzen des ewigen Schnees hört das Schmetterlingsleben ja keineswegs auf. Es vermag sich im Gebiet von Zermatt auf grünen Inselchen über 3700 m noch zu halten. Man kennt Schmetterlinge, die ihre gesamte Entwicklung und ihr ganzes Leben innerhalb der Schneestufe verbringen. Oberhalb von 1500 m Höhe begnügen sie sich allerdings oft mit nur einer Brut pro Jahr. Manche bedürfen zu ihrer Entwicklung mehrerer Jahre. Analoges gilt vom Pflanzenleben. Interessante Sammlungen befinden sich im Alpinen Museum Zermatt.
Klimatisch und floristisch bildet das Walliser Zentrum eine Einheit mit den südwestlich anstossenden langen Alpentieftälern des Piemont und der Dauphiné. Das innere Wallis zeichnet sich aus durch die fast vollständige Absperrung von den nordwestlichen atlantischen Luftströmungen. Im Norden stellt sich den regenbringenden Winden die majestätische Kette der Berner Alpen in den Weg, im Westen der Riegel der Dents du Midi und der Dents de Morcles. Im Süden halten – wie wir wissen – die Penninischen Alpen die von Adria und Mittelmeer kommenden Luftströmungen auf. Die Folge davon ist eine stark verminderte Regenmenge, grosse Klarheit des Himmels, eine andauernde Sonneneinstrahlung und beträchtliche Austrocknung bei konstanten Talwinden. Im Gegensatz zu der nördlichen Schweiz hat das Wallis nicht ein Klima ozeanischen und mittelländischen Charakters, sondern die Eigenschaften des kontinentalen Klimas mit raschem Wärmeanstieg im Frühjahr und Sommer. Darüber hinaus ist die Wärmestrahlung und Austrocknung in den nach Süden und nach Norden exponierten Talhängen fast gleich.
Bestimmend für die Pflanzendecke sind nicht die Temperaturen, sondern der Grad der Trockenheit. Der in der ebenen und montanen Schweiz vor-

herrschende Buchenwald mit seiner typischen Flora fehlt im zentralen Wallis. Die Föhre macht sich breit – im oberen Nikolaital Birken, vor allem Lärchen und Arven. Der Wald wird begleitet von Trockenpflanzen, Xerophyten, die vermöge besonderer Einrichtungen die Fähigkeit besitzen, an sonnigen, flachgründigen Hängen und Felsen zu wachsen und sich auf kurze Zeiten der Durchtränkung zu beschränken. Eigenartig ist dabei, dass die Trockenpflanzen und die Felsenheide schlagartig beim Riegel vor dem Rhoneknie einsetzen, aber über die hohen Passscharten zwischen Zermatt und Aostatal einen regen Austausch mit der nachbarlichen Pflanzendecke pflegen. Das Nikolaital scheint im Walliser Pflanzengeschäft den Clearing zu besorgen. Obwohl Zermatt tausend Meter höher liegt als das klimatisch begünstigte Sitten, hat es eine nicht wesentlich höhere Niederschlagsmenge. Bei Stalden liegt ja bekanntlich der Punkt mit der niedrigsten Regensäule der Schweiz überhaupt. Die annähernde Gleichheit der Niederschläge von Sitten und Zermatt erklärt die Existenzmöglichkeit der auf Trockenheit eingestellten Flora in der Höhe wie in der Tiefe und damit die Überschreitung des penninischen Grenzkammes.

Die Botaniker glauben, der Gornergrat weise die mengen- und artenreichste Flora des Wallis auf, weil sich hier die verschiedenen Pflanzengesellschaften – Alpenblumen, Xerophyten, Glazialrelikte, Hybriden – unter denkbar gün-

Riffelberg über dem Nikolaital, um 1900. Das im Jahr 1854 gebaute «Riffelhaus» (mit Holzverschalung unter der Dachtraufe) musste schon nach wenigen Sommern angebaut werden.

Vor den Ställen des Hotels Riffelberg. Das Maultier (der Vater ein Esel, die Mutter ein Pferd) war in den Bergen wegen seiner Genügsamkeit und Trittsicherheit ein geschätzter Lastenträger. Es vermag bis zu 120 kg Gewicht zu buckeln. Mit dem Bau der Gornergratbahn haben die schon durch die Visp-Zermatt-Bahn um ihren Lohn gebrachten Führer und Treiber samt Vierbeinern vollends ihre Existenz verloren. Kein Wunder somit, dass die einheimische Bevölkerung den aufkeimenden Eisenbahnprojekten mit scheelem Blick begegnete (Seite 58). Die Bahnen verursachten eine vollständige soziale Umschichtung. Anderseits wurden auch ihnen Schranken gesetzt, indem sie ihre Tarife am geltenden Träger- und Führerlohn auszurichten hatten.

stigen Verhältnissen überschneiden. Man denke an die Förderung der Blütenbildung durch das starke ultraviolette Licht, die konservierende Wärme- und Wasserregulierung durch die umgebenden Gletscher, den hohen Baumbestand, den klaren Himmel. «Wanderer, Botaniker, Entemologen, die ihr den Talboden von Zermatt betretet: euch geht eine neue Welt auf. Eine Welt voll Sonne und Glanz, voll Firnelicht und trotziger Felsgestalten. Wo ihr auch geht, versinkt euer Fuss in den Blumenteppichen der Alpenmatten, und es umgaukeln euch Schmetterlinge in einem Reichtum und an Stück- und Artenzahl, wie er sich so leicht im Hochgebirge nicht wieder findet». Darf man solche Worte eines Wissenschafters heute noch aussprechen, ohne im gleichen Atemzug die Mahnung beizufügen: «Ja, aber nur zum Anschauen?». Wir wissen heute, dass selbst das Pflücken weniger Blüten eine Blume auf ihrem angestammten Plätzchen ihrer Verteidigungsmöglichkeit gegenüber der Invasion einer anderen Art beraubt; und gepflückt werden immer nur die schönsten Stücke. Noch bedrückender für den Pflanzenfreund ist die in den letzten Jahren notwendig gewordene Umleitung der Wasserläufe, deren Folgen für die Vegetation unabsehbar sein können.

Grosspapa am Fernrohr

Sowenig wie das Wallis in das Klima und die Pflanzendecke der nördlichen Schweiz eingepasst ist, war es in ihre Wirtschaft einbezogen. Die Walliser gingen gerne den Weg der Blumen und benützten für die Beschaffung des Lebensnotwendigen – und der Genüsse darüber – die Tore nach dem Süden. Das Wallis hat die wichtigen Passübergänge am Simplon und Grossen St. Bernhard in der Hand, über die sich seit jeher der grosse Transitverkehr zwischen den westlichen und südlichen Nachbarn abspielte. Auch Monte Moro und Theodul wurden begangen, wenn es galt, Keller und Gaden zu füllen oder Waren abzusetzen. Die Verbindungen über den nördlichen und östlichen Alpenwall – Furka, Grimsel, Lötschen, Gemmi und Rawil – entsprachen eher einem Gebot der politischen Vernunft und Sicherheit und führten ein Dasein im Schatten des kleinen nachbarlichen Krämerhandels. «Die Fussreisen sind natürlich ermüdend, nur mit dem gewissen Unterschiede, dass sie in einem Berglande bei weitem nicht so angreifend als in einem ebenen Lande sind», tröstete ein Ratgeber für die nützliche und genussvolle Art, in der Schweiz zu reisen. «Die beständige Veränderung des Weges, auf dem man bald auf- und absteigt, bald gerade fortgeht, macht,

Die Bergstation der Gornergratbahn lag ursprünglich 70 m tiefer als heute in einer Mulde. Auf Tragstühlen und Pferden wurden Damen und Gebrechliche den letzten Abhang hinauf befördert. Vor dem Bau der Bahn war dies von Zermatt an die übliche Transportart.

Wo mag das verfallene Geleise hinführen? Es verband ehemals die Station Riffelalp der Gornergratbahn mit dem 500 m südlicher gelegenen feudalen Hotel Seiler auf Riffelalp. Das niedliche Gefährt war mit Dreiphasenwechselstrom betrieben und galt als Unikum unter Europas Trambahnen: es verkehrte auf der kürzesten und am höchsten gelegenen Strecke. In einem Wagen fanden 10 Personen Platz.

Nach dem Brand des Luxushotels - es hatte 120 Zimmer - ging dem lustigen Bähnlein der Lebensatem aus. Die Frage, ob und wie das Hotel wieder aufgebaut werden soll, ist immer noch hängig.

dass bald diese bald jene Muskeln in lebhafter Tätigkeit und Anstrengung gesetzt sind, während die, welche kurz vorher am meisten wirkten, durch die wenigere Teilnahme an der gegenwärtigen Bewegung einige Ruhe geniessen; kurz es werden nicht beständig dieselben Muskeln angestrengt, was auf einer ebenen Strasse der Fall ist. Die unglaubliche Wirkung der elastischen reinen Bergluft auf die tierische Maschine erleichtert ausserordentlich das Reisen in den Gebirgen.»

Als der Zustrom der Reisenden in Zermatt und auf dem Riffelberg begann, versahen lediglich die Postkutschen zwischen Genfersee und Domodossola einen regelmässigen Zubringerdienst für Visp am Eingang des Bergtales. Ein Jahr nach Whympers Matterhornbesteigung stellte die Diligence auf der neugepflasterten Furkastrasse eine Verbindung mit der Zentralschweiz und dem Gotthard her, und erst ein Dutzend Jahre darauf dampfte über die sumpfige Rhoneebene von Sitten her der erste Eisenbahnzug der im Bau befindlichen Jura-Simplon-Bahn vor das Städtchen Visp. Als die Zahnradbahn nach Zermatt schon eine Selbstverständlichkeit war, gab es immer noch keine Fahrspur in nördlicher Richtung über die Berge. Die Grimselpassstrasse wurde 1895 für Wagenverkehr geöffnet, und die Lötschbergbahn nahm den Betrieb knapp vor Ausbruch des Ersten Weltkrieges und sieben Jahre nach dem Durchstich des ersten Simplontunnels auf. Unsere Grosseltern hatten somit einen recht beschwerlichen Weg in die neuentdeckte Wunderwelt am Gornergrat und schätzten deshalb die dort gebotene Gastlichkeit in vollen Zügen.

Bis 1838 war es üblich, beim Pfarrer anzuklopfen, wenn man ein Nachtlager suchte. Die Walliser Regierung fand das Geschäft indessen ungehörig und verbot es den Geistlichen kurzerhand. Pfarrherren sind bekanntlich nicht auf den Kopf gefallen, und wenn sich Zermatt heute einer blühenden Hotellerie erfreut, so hat es sie seinem Pfarrer Joseph Ruden und dem jungen Kaplan Joseph Seiler zu verdanken. Seiler schrieb seinem Bruder: «Letztes Jahr hatte es bedeutend viel Reisende und alle kommen über die Schönheit der Gegend überein und sagen, Zermatt sei bis dahin noch nicht bekannt gewesen. Es werde nun immer bekannter werden und von immer mehr Fremden besucht im Sommer». Viele hätten den Wunsch ausgesprochen, wenn doch auf jenem Berge, den man Riffel nennt, und von wo aus die schönste Aussicht ist, ein Wirtshaus stünde!

Der Bruder, Alexander Seiler, liess nicht lange auf sich warten, und eines Tages stand er mit seinem Räf auf dem Rücken und der Habe da. Ruden aber trieb die Zimmerleute und Maurer an und sorgte dafür, dass das neue

Nächste Seiten: Gornergrat-Kulm mit dem alten Hotel Belvédère um 1900. Links der Untere Theodulgletscher, vor dem Matterhorn die Hochfläche des Oberen Theodulgletschers.

ZENITH

Gleichzeitig mit der Monte Rosahütte (früher Bétempshütte) wurde 1895 das «Hôtel Belvédère» auf der Kuppe des Gornergrats eingeweiht. Fünfzehn Jahre später war das Gebäude schon wieder abgetragen, die Sicht freigelegt und das jetzige Kulmhotel (im Bild im Bau) unterhalb des höchsten Punktes bezogen.

Riffelhaus im Besitz der Burgergemeinde blieb und mit Alexander Seiler ein Pachtvertrag zustande kam. Das Etablissement gedieh derart prächtig, dass ihm bald weitere folgten: im Tal, auf Schwarzsee, auf der Riffelalp und im Goms. Was indessen der junge Topograph Xaver Imfeld suchte, als er 1881 im SAC-Jahrbuch sein Nachtlager im Baltschieder beschrieb, verschwieg er verschämt: «Als ich während der Nacht mit dem Fernrohr hinsah, bemerkte ich Licht im Riffelhotel: wahrscheinlich wurde da gefrühstückt, um einem meiner alten Bekannten am Gornergletscher einen Morgenbesuch zu machen. Die direkte Entfernung von mir zum Riffel beträgt zwar nicht weniger als 43 Kilometer, besässe ich jedoch ein Spiegelteleskop und der Riffel die nötige Beleuchtung, so wäre ich ohne Zweifel im Stande, meine indiskreten Beobachtungen noch mit weiteren interessanten Details über den Appetit und die Qualität des Frühstücks meiner mikroskopischen Gesellschaft auf Riffel zu bereichern.» Was Imfeld gern im Objektiv gehabt hätte, war wohl weniger das Gabelfrühstück, als vielmehr eines der vierzehn Kinder des Gastwirts Alexander und seiner lebensklugen Frau Catherine. Maria Seiler war die Frau Imfelds geworden, der mit seinen topographischen Karten und Bergreliefs über die Landesgrenzen hinaus bekannt und mit zahlreichen Ehrungen – an Weltausstellungen und Geographenkongressen – ausgezeichnet wurde. Er war einer der ersten Topographen, die sich die notwendigen Grundlagen durch Aufnahmen nach der Methode der «Messtischphotogrammetrie» beschafften. Und als Topograph war er für die Projektierung neuer Eisenbahnlinien ein begehrter Mann.

Dem Namen Xaver Imfeld sind wir doch schon begegnet! Erinnern Sie sich? Er war der Promotor, der hinter dem Projekt der «Zermatter Hoch-

Fahrpreise		1898	1982
Zermatt-Gornergrat	Hin- und Rückfahrt	Fr. 18.—	Fr. 37.—
Visp-Zermatt	Hin- und Rückfahrt		
	II. Klasse	Fr. 18.—	Fr. 37.—
	I. Klasse	Fr. 28.80	Fr. 56.—

Die Station Gornergrat im Eröffnungsjahr der Bahn, 1898. Kurz danach wurde die Strecke um den Damm verlängert, der bis vor das neue Hotel führt. 1909 Eröffnung der neuen Station, die wie das Hotel im englischen Burgstil erbaut ist.

gebirgsbahnen» steckte (Seiten 62ff, 56-57). «Die Gornergratbahn ist meiner eigenen Initiative entsprungen. Auch hier war ich Projektverfasser und, gemeinsam mit Herrn Heer-Bétrix selig von Biel, Konzessionär», schrieb er 1905 dem Bundesrat anlässlich seines Gesuchs um Konzessionierung einer elektrischen Schmalspurbahn zwischen Brig und Gletsch. Bleibt zu sagen, warum Imfeld ursprünglich Heer vorschob. Weil sein geschäftstüchtiger Schwiegerpapa Seiler das Heu nicht unbedingt auf der Diele der Zermatter Burger hatte! Und ihnen gehörte ja der Boden, dessen man für den Bau der Bahnen bedurfte. Alexander Seiler hatte den peinlichen Fehler, kein gebürtiger Zermatter zu sein. Er kam auf der falschen Talseite zur Welt und hatte doch den sehnlichen Wunsch, am Orte seines Wirkens beheimatet zu sein. Wir kennen Zermatt: der Wunsch ging spät in Erfüllung – es bedurfte eines die Juristen im Lande beschäftigenden Bürgerrechtsprozesses.
Frau Maria aber wirkte noch viele Jahre nach dem Tode ihres Mannes Xaver Imfeld als Directrice der beiden Hotels Zermatterhof und Monte Rosa. Vielleicht haben Sie sie noch gekannt?

Kartengruss aus dem Jahr 1905. Das Pfarrhaus und das Hotel Monte Rosa, links, blicken damals wie heute auf den Korso der unbeschwerten Feriengäste. Eine andere Generation belebt jetzt die Gassen, doch Zermatt hat seinen Charme bewahrt. Wir kommen wieder!

Quellen

E. Strub, «Bergbahnen der Schweiz bis 1900». Bergmann Wiesbaden, 1900.
R. und S. Abt, «Handbuch für Ingenieurwissenschaften». Bd. 5, Leipzig, 1901.
«Schweizerische Bergbahnen». Polygraphisches Institut Zürich, 1900.
«Schweizerische Bauzeitung». Zürich, Jahrgänge 1885-1900.
Dolezalek, «Die Eisenbahntechnik der Gegenwart». Kreidel Wiesbaden, 1905.
Dokumente im Bundesarchiv, Bern
Albert Heim, «Xaver Imfeld». Im Jahrbuch Schweizer Alpen-Club, 1910.
J. Meyer, «Chemin de fer de Viège à Zermatt». Bridel Lausanne, 1893.
Jahresberichte der Gornergratbahn und der Brig-Visp-Zermatt-Bahn.
Festschriften der Gornergratbahn 1923, 1938, 1948 und 1958.
Festschriften der Brig-Visp-Zermatt-Bahn zum 50- und 75jährigen Jubiläum.
Gottlieb Studer, «Über Eis und Schnee», Bd. 2, Schmid & Francke Bern, 1898.
Frank Smythe, «Edward Whymper». Hallwag Bern, 1940.
Adolf Fux, «Auf alten und neuen Wegen nach Zermatt». In Die Alpen SAC, 1965.
J. Ruden, «Familienstatistik der löbl. Pfarrei von Zermatt». Ingenbohl, 1870.
St. Kronig, «Geschichtliches über Zermatt». Ingenbohl, 1927.
Theodor Curti, «Geschichte der Schweiz im 19. Jahrhundert». F. Zahn Neuenburg.
Geschichtsforschender Verein von Oberwallis, «Blätter der Walliser Geschichte». Jahrgänge 1965-1968.
Société de la Murithienne, «Bulletin de la Murithienne». Sion, Jahrgänge 1944-1946.
Walter Schmid, «Zermatt im Sommer und Winter». Ein Führer für Spaziergänger, Wanderer, Bergsteiger und Skifahrer. Hallwag Bern.
«Schweizerische Verkehrsstatistik», herausgegeben vom Eidg. Statistischen Amt, bzw. früher «Schweizerische Eisenbahnstatistik», herausgegeben vom Eidg. Amt für Verkehr.

Das Umschlagbild, alle Farbbilder, einschliesslich der Karten Seiten 7, 34 und 99 sowie die Photographien Seiten 13, 16, 35, 38, 39, 52 59, 60 und 62 unten, 78, 81, 94, 104, 105, 109, 113 und 118 unten sind von der Autorin ausschliesslich nur für dieses Buch hergestellt worden. Die historischen Aufnahmen und Skizzen auf den Seiten 28-29, 46, 56-57, 59-61, 65-77 100, 115-124 sind den Archiven der Gornergratbahn, dem Bundesarchiv sowie alten Publikationen entnommen. Weitere Abbildungen: Edmund Wunderlich, Bern, Panorama Seiten 8-9. Kur- und Verkehrsverein Zermatt, Seiten 21, 24-25 und 108. Schweizerische Lokomotiv- und Maschinenfabrik Winterthur, Seiten 49 und 87. Rudolf Zimmermann, Zermatt, Seiten 80, 83, 86, 90, 91. Swissair Photo AG. Zürich, Seite 12.

Die Gornergratbahn-Gesellschaft hat wesentlich zum guten Gelingen des Buches «Gornergrat retour» beigetragen. Die Autorin dankt dem Verwaltungsrat und Herrn Direktor A. Binz sowie seinem Nachfolger Herrn Ing. R. Perren herzlich für das ihr spontan geschenkte Vertrauen. In den Dank eingeschlossen sind aber auch alle Mitarbeiter in Büros und Depots, Chefs und Werkmeister, die mit jeder gewünschten Auskunft, mit Unterlagen und Hinweisen jederzeit freundlich beistanden.

Zeittafel

999 Der letzte König von Hochburgund schenkt die «Landschaft Wallis» dem Bischof von Sitten. Es bildet sich die Republik der Zenden.
1538-1618 Die Zermatter kaufen sich mit Person, Haus und Hof von ihren Herren los und bilden drei selbständige Republiken.
1791 Die drei Zermatter Gemeinden vereinigen sich zu einer einzigen.
1798 Einfall Napoleons ins Wallis, Einverleibung in die Helvetische Republik. 1802 Lostrennung und Errichtung einer unabhängigen Republik. 1810 Annexion durch Frankreich und Befreiung durch österreichische Regimenter.
1815 Wallis tritt der Schweizerischen Eidgenossenschaft bei.
Um 1830 erste Touristen in Zermatt und auf dem Riffelberg.
1852 Alexander Seiler mietet das kleine Gasthaus «Monte Rosa» mit drei Fremdenbetten vom Wundarzt Lauber.
1854 Eröffnung des «Riffelhauses» auf der Riffelalp. 1864 Erweiterung.
1855 Erstmalige Besteigung des höchsten Gipfels der Schweiz (1.8.), der Dufourspitze im Monte Rosa-Massiv, vom Riffelhaus aus.
1855 Zermatt verzeichnet schon 90 Hotelbetten.
1865 Erstmalige Besteigung des Matterhorns durch Whymper (14. 7.).
1878 Alexander Seiler eröffnet die Pension Riffelalp. 1884 Eröffnung des neuerstellten Hotels Seiler auf Riffelalp (10.7.).
1886 Charles Masson und Konrad Gysin erhalten die Konzession für den Bau einer Bahn von Visp nach Zermatt (21.12.) zuhanden einer sich zu bildenden Aktiengesellschaft mit Sitz in Lausanne. Betrieb vom 1. Mai bis 1. Oktober.
1890 Eröffnung der Bahn bis St. Niklaus (22.8.), 1891 bis Zermatt (6.7.).
1890 Konzessionsgesuch Caspar Leonhard Heer für den Bau einer Bahn auf den Gornergrat und das Matterhorn (20.8.). Die Beteiligung Xaver Imfelds am Konzessionsgesuch ist mit Verträgen vom 27.2., 3.3. und 15.8.1890 belegt. Heer stirbt im Dezember, die Erben treten in seine Rechte.
1890 Konzessionsgesuch für das gleiche Projekt (22.9.) durch Jean Ant. Roten, Ing. S. Zen Ruffinen und von Ernst, Bankier in Bern.
1892 Das Eidgen. Parlament erteilt die Baubewilligung für die Gornergrat- und die Matterhornbahn an Imfeld und Heer (20.6.) zuhanden einer sich zu bildenden Aktiengesellschaft mit Sitz in Sitten.
1894 Imfeld tritt seinen Konzessionsanteil an Architekt August Haag ab (30.1.). Haag bildet im gleichen Jahr mit Karl Greulich eine Baufirma, die den Bau der Gornergratbahn à forfait übernimmt.

1895 Eröffnung der Bétempshütte, später Neubau der Monte Rosahütte.
1895 Eröffnung des Hotels «Belvédère» auf dem Gornergrat. Es wird 1910 wieder abgetragen.
1895 Bundesbeschluss betreffend Nichteintreten auf das Fristverlängerungsgesuch für die Matterhornbahn (16.12.).
1896 Genehmigung der abgeänderten Baupläne für die Gornergratbahn (1.4.). Mitte Mai wird mit den Bauarbeiten begonnen.
1896 Gründung der Aktiengesellschaft der Gornergratbahn (11.6.).
1897 Erste Versuchsfahrt einer Komposition der Gornergratbahn, der ersten elektrischen Zahnradlokomotive der Schweiz (24.11.).
1898 Eröffnung der Gornergratbahn (20.8.). Die Saison dauert zunächst von Anfang Juni bis Anfang Oktober.
1906 Eröffnung des Simplontunnels.
1909 Höherverlegung der Endstation der Gornergratbahn. 1910 Eröffnung des neuen, im Besitz der Burgergemeinde Zermatt befindlichen Kulmhotels Gornergrat.
1913 Eröffnung des Lötschbergtunnels.
1914 Eröffnung der Furka-Oberalp-Bahn bis Oberwald, 1926 bis Disentis.
1920 Die Visp-Zermatt-Bahn geht zum Selbstbetrieb über. Vorher wurde sie von den SBB, früher Jura-Simplon-Bahn, betrieben.
1921 Betriebsvertrag der Gornergratbahn mit der Visp-Zermatt-Bahn über die gemeinsame Betriebsleitung.
1928/29 Die Gornergratbahn fährt erstmals im Winter bis Riffelalp.
1929/30 Die Visp-Zermatt-Bahn wird bis Brig verlängert, umgetauft und elektrifiziert.
1930 Umbau der Gornergratbahn von 40- auf 50-Hertz-Betrieb.
1933 Die Brig-Visp-Zermatt-Bahn nimmt den Ganzjahresbetrieb auf.
1946 Fertigstellung der Lawinenschutzgalerie Riffelbord.
1947 Die Gornergratbahn schafft Leichttriebwagen an.
1954 Konzessionierung der von der Gornergratbahn beantragten Luftseilbahn auf das Stockhorn (18.8).
1956 Betriebseröffnung der ersten Sektion der Luftseilbahn, 1958 der zweiten Sektion.
1961 Das Hauptgebäude des Hotels Riffelalp brennt vollständig nieder.
1965 Die Gornergratbahn schafft Doppeltriebwagen an.
1966 Bau der astronomischen Kuppel auf dem Südturm des Kulmhotels und Einbau eines 40-cm-Teleskops, 1967 Bau der zweiten Kuppel.
1976 Vergrösserung der astronomischen Beobachtungsstationen auf Gornergrat-Kulm und Einbau eines 100 cm- sowie eines 150 cm-Teleskops.
1981 Die Gornergratbahn ist auf 3757 m ihrer Linie doppelspurig ausgebaut.

Tabellenverzeichnis

Kärtchen und Reliefs